Linda Ebbers

Darstellende Kunst und zivile Konfliktbearbeitung

Das Theater der Unterdrückten als kreative Methode der Konflikttransformation

BERLINER SCHRIFTEN ZUM THEATER DER UNTERDRÜCKTEN

Herausgegeben von Harald Hahn

ISSN 1863-2106

2 *Thomas Haug*
'Das spielt (k)eine Rolle!'
Theater der Befreiung nach Augusto Boal als Empowerment-Werkzeug im Kontext von Selbsthilfe
ISBN 3-89821-486-9

3 *Till Baumann*
Von der Politisierung des Theaters zur Theatralisierung der Politik
Theater der Unterdrückten im Rio de Janeiro der 90er Jahre
Zweite, überarbeitete Auflage
ISBN 3-89821-486-9

4 *Jens Clausen, Harald Hahn, Markus Runge (Hrsg.)*
Das Kieztheater
Forum und Kommunikation für den Stadtteil
ISBN 978-3-89821-985-3

5 *Hjalmar Jorge Joffre-Eichhorn*
Wenn die Burka plötzlich fliegt
Einblicke in die Arbeit mit dem Theater der Unterdrückten in Afghanistan
Zweite, überarbeitete und erweiterte Auflage
ISBN 978-3-8382-0472-7

6 *Birgit Fritz*
Von Revolution zu Autopoiese: Auf den Spuren Augusto Boals ins 21. Jahrhundert
Das Theater der Unterdrückten im Kontext von Friedensarbeit und einer Ästhetik der Wahrnehmung
ISBN 978-3-8382-0553-3

7 *Linda Ebbers*
Darstellende Kunst und zivile Konfliktbearbeitung
Das Theater der Unterdrückten als kreative Methode der Konflikttransformation
ISBN 978-3-8382-0566-3

Der Reihenherausgeber:
Harald Hahn (Jg. 1966) wohnt in Berlin und ist freiberuflicher Radio- und Theatermacher mit Schwerpunkt "Theater der Unterdrückten", er nimmt außerdem Lehraufträge an Universitäten und Fachhochschulen wahr. Der Herausgeber steht darüber hinaus auf der Bühne mit dem Gesangsprojekt HERZKASPER.
Kontakt: www.harald-hahn.de

Linda Ebbers

Darstellende Kunst und zivile Konfliktbearbeitung

Das Theater der Unterdrückten als kreative Methode der Konflikttransformation

ibidem-Verlag
Stuttgart

Bibliografische Information der Deutschen Nationalbibliothek
Die Deutsche Nationalbibliothek verzeichnet diese Publikation in der Deutschen Nationalbibliografie; detaillierte bibliografische Daten sind im Internet über http://dnb.d-nb.de abrufbar.

Bibliographic information published by the Deutsche Nationalbibliothek
Die Deutsche Nationalbibliothek lists this publication in the Deutsche Nationalbibliografie; detailed bibliographic data are available in the Internet at http://dnb.d-nb.de.

∞

Gedruckt auf alterungsbeständigem, säurefreien Papier
Printed on acid-free paper

ISSN: 1863-2106

ISBN-13: 978-3-8382-0566-3

Printed in Germany

Vorwort des Reihenherausgebers

Mit dieser Publikation der „Berliner Schriften zum Theater der Unterdrückten" geht es zum Ursprungsland des Theaters der Unterdrückten (TdU) nach Brasilien. Nach Rio de Janeiro, wo das von Augusto Boal gegründete Zentrum des Theaters der Unterdrückten (CTO) seinen Sitz hat und an dem auch nach dem Tode von Augusto Boal (2009) in vielfältiger Art und Weise Theater der Unterdrückten gelehrt und praktiziert wird. Ein Kennzeichen der Arbeit des CTO in Brasilien ist der Aufbau und die Begleitung von Theatergruppen, die TdU praktizieren – im Unterschied zu Deutschland, wo es ein sehr großes Workshopangebot gibt, aber im Vergleich zu Brasilien oder unserem Nachbarn Österreich doch sehr wenige Theatergruppen TdU praktizieren.

Linda Ebbers war in Rio de Janeiro und gibt uns einen Einblick in die Arbeit der Theatergruppe der Hausangestellten „Maria do Brasil". Sie verortet das TdU in die zivile Konfliktbearbeitung und Konflikttransformation und greift auch Theorien des renommierten Friedensforschers Johan Galtung und John Paul Lederrach auf, um sie mit der Theorie und Praxis von Augusto Boal und der Arbeit seiner NachfolgerInnen in Brasilien zu verbinden. In ihrer Arbeit kommen die brasilianischen Curingas zu Wort, unter anderem auch Claudete Felix, von der ich eine Menge über das „Theater der Unterdrückten" gelernt habe. Sie war mit brasilianischen Theatermacherinnen 2001 in Deutschland und hat mich in dem Projekt „Szenen verändern" sehr inspiriert, mit dem TdU die Lebenswelt und damit auch die Gesellschaft ein klein wenig zu verändern.

Ein ausführliches Vorwort zu dieser interessanten Arbeit steuert Dominik Werner bei. Er ordnet diese Arbeit im Kontext der zivilen Konflikttransformation ein.

Dominik Werner hat Linda Ebbers inspiriert, diese Arbeit zu schreiben. Im Rahmen eines Uniseminars, das er an der Universität in Marburg zum Thema „Theater der Unterdrückten als zivile Konfliktbearbeitung" gab, wurden wichtige Impulse für den Forschungsaufenthalt der Autorin gegeben. Das Ergebnis liegt nun in Buchform vor.

Eine erkenntnisreiche Lektüre wünscht Ihnen der Herausgeber der „Berliner Schriften",

Harald Hahn, Berlin im Oktober 2013

Vorwort

Einige Tage, bevor Harald Hahn und Linda Ebbers mich fragten, ob ich ein Vorwort für das vorliegende Buch schreiben möchte, saß ich im August 2013 mit Harald Hahn in den urbanen Prinzessinengärten in Kreuzberg zusammen. In einem kollegialen Gespräch tauschten wir uns über unsere Theaterprojekte, unsere Erfahrungen in der Selbstständigkeit als Theaterpädagogen und über die Entwicklungen im und rund um das Theater der Unterdrückten (TdU) aus.
Anlässlich des Gespräches erinnerte ich mich: Im Jahr 2006 nahm ich an meinem ersten Forumtheaterworkshop teil, den Harald Hahn und Till Baumann in der Bewegungsakademie Verden angeboten hatten. Jahre mit zahlreichen weiteren Workshops, Trainings, ersten eigenen Versuchen, selbstorganisierten Uni-Seminaren zum TdU, eine ausführliche Diplomarbeit zum Thema und nun die eigene freiberufliche Tätigkeit im theaterpädagogischen Feld folgten. Und nun die Anfrage, ob ich ein Vorwort schreiben will. Warum schreibe ausgerechnet ich dieses Vorwort?
Im Winter 2007/2008 leitete ich gemeinsam mit Tim Krause unsere erste TdU-Werkstatt in Marburg. Gleichzeitig besuchte ich ein Seminar des Zentrums für Konfliktforschung an der Uni Marburg. Dabei ging es um die Werke des norwegischen Friedensforschers und -praktikers Johan Galtung. Zu dieser Zeit sind mir einerseits die Parallelen und Bezüge zwischen dem TdU und den Friedens- und Konflikttheorien von Johan Galtung aufgefallen, andererseits gab es da auch deutliche Widersprüche. Während sich das TdU nach Augusto Boal klar parteilich für die Unterdrückten positioniert und aus dieser Position heraus Empowerment und einen Dialog auch zwischen Unterdrückten und Unterdrückern (wieder) ermöglichen möchte, ist das Prinzip der Allparteilichkeit im gesamten Feld der zivilen Konfliktbearbeitung und Mediation zumindest ein Anspruch der Akteure. Aber würde Galtungs Vorgehen, sich parteilich auf die Seite der unerfüllten Grundbedürfnisse aller Menschen zu stellen, nicht auch zu der Philosophie des TdU passen?
Als ich entdeckte, dass sowohl Boal als auch Galtung mit Paulo Freire befreundet waren und sich beide auf seine Begriffe der Bewusstwerdung und des Dialogs beziehen, wurde für mich klar, dass ich diese Verbindung zwischen TdU und Konflikttransformation weiter verfolgen möchte.
Es folgte eine intensive Literaturrecherche, bei der ich in der Bibliothek des Berghof Centers in Berlin auch auf die Werke von John Paul Lederach hingewiesen wurde.

Lederach, dessen Werk und Ansatz ebenfalls maßgeblich von Paulo Freire inspiriert ist, betont insbesondere in seinem Buch „The Moral Imagination: The Art and Soul of Building Peace“ die Bedeutung von Kunst und kreativer Interaktion in den Feldern der Konflikttransformation. Aus meinen Recherchen wurde eine umfangreiche Diplomarbeit, die ich als Dialog zwischen dem partizipativen Theater nach Boal und Diamond und den Ansätzen dialogischer Konflikttransformation nach Galtung und Lederach anlegte.
Auf der Basis dieser Diplomarbeit konnte ich im Wintersemester 2010/2011 ein Seminar mit dem Titel „Die Kunst der Konflikttransformation – das dialogische Theater der Unterdrückten als Methode ziviler Konfliktbearbeitung zwischen Ästhetik und Politik“ an der Uni Marburg anbieten. Ein Teil der Seminargruppe bestand aus Studierenden aus dem Masterstudiengang des eben bereits genannten Zentrums für Friedens- und Konfliktforschung. Und eine dieser Studierenden war Linda Ebbers.
Und so schließt sich der Kreis und es wird auch klar, warum ich mit dieser eigenen Geschichte in diesem Vorwort beginne. Aus unserem Kontakt über das Seminar entstanden zahlreiche Treffen und Gespräche, auch in der Vorbereitung für die Entwicklung der hier vorliegenden Arbeit. Ich freue mich sehr, nun die Veröffentlichung ihrer Masterarbeit durch dieses Vorwort zu begleiten. Wie Linda selber schreibt, hat sie die Annahmen für ihre Fragestellung u.a. in dem eben genannten Seminar gebildet. Während meine Diplomarbeit vor allem auf Literaturrecherche basierte, hat Linda die daraus resultierenden Fragestellungen und Themen mitgenommen und ist ins Interview-Gespräch mit den Curingas des CTO in Rio gegangen. In diesem Sinne macht ihre Arbeit an der Stelle weiter, wo meine Diplomarbeit aufgehört hat. Und sie geht gleichzeitig einen wertvollen Schritt zurück zu den Wurzeln. Denn während ich mich auf die Werke Boals, die zahlreiche Sekundärliteratur zum TdU und auf die Arbeit von David Diamond beziehe, hat sich Linda konsequent dafür entschieden, die Curingas am CTO in Rio als ExpertInnen zu interviewen und über einen zweimonatigen Studienaufenthalt dort die Fragen nach den Verbindungen zwischen dem TdU am CTO in Rio und den dialogischen Konflikttransformationsansätzen von Galtung und Lederach zu erforschen.
Die Vorgehensweise des TdU in Bezug zu anderen sozial- und kulturwissenschaftlichen Theorien oder Methodologien zu setzen, ist nicht überraschend. In dem wunderbaren Buch von Schutzmann und Cohen-Cruz (2006) „A Boal Companion: Dialogues on Theatre and Cultural Politics“ werden in allen Kapiteln jeweils Dialoge

zwischen dem TdU und anderen Theorien, Ansätzen etc. entworfen. Postkolonialismus, Komplexitätstheorie, Feminismus und zahlreiche weitere politische Theorien und Ansätze werden so in den Dialog mit den Theorien und Methoden des Boalschen Theaters gesetzt. In meinen Augen ist es eine Bereicherung und ein inspirierender Blick über den Tellerrand, der da angestoßen wird. Meine eigene Diplomarbeit wurde in diesem Verständnis geschrieben und auch die hier vorliegende Arbeit sehe ich ebenfalls als einen Beitrag zu diesem Dialog. Das TdU steht auch durch die eigene Entwicklungsgeschichte in Bezug zu so vielen weiteren Theorien und Methodologien. Allein der Blick in das kleine gelbe Buch im Suhrkamp Verlag spricht Bände. Neben den Theaterübungen aus Stanislawskijs Methode werden bioenergetische Körperarbeit, Feldenkrais, Encounter, Psychodrama, Gestalt, Sensitivity-Gruppen als Quellen der Übungen und Spiele genannt. Der Dialog mit diesen Nachbardisziplinen und -theorien kann in meiner Wahrnehmung immer nur bereichernd und anregend sein.

Zu dem speziellen Dialog zwischen TdU und Konflikttransformation möchte ich im Folgenden noch auszugsweise einen (unvollständigen) Überblick bieten. Ziel ist es, das vorliegende Buch in den Kontext stellen, in den es gehört. Teilweise verweise ich dabei auch auf aktuelle Publikationen, die noch nicht in dem vorliegenden Werk berücksichtigt werden konnten. Denn in den vergangenen Jahren ist viel zu dieser Verbindung geschrieben und entwickelt worden.

Ein zunächst praktisches Beispiel für die Verknüpfung von Wissen aus der zivilen Konfliktbearbeitung und dem TdU ist die Fortbildung „Kreativ im Konflikt“, die seit 2006 vom Friedenskreis Halle e.V. angeboten wird. Die Fortbildung bietet einerseits theoretisches Grundlagenwissen über Konflikte, Konflikttheorien sowie -analysen und ist gleichzeitig auch eine Einführung in zentrale Methoden aus dem TdU für die kreative Transformation von Konflikten. Die Fortbildung entspricht dabei den Qualitätsstandards der Arbeitsgemeinschaft „Dienste für den Frieden“ (AGDF) für Fortbildungen in ziviler, gewaltfreier Konfliktbearbeitung.[1]

Hannah Reich, die mit einigen früheren Publikationen bereits in dem vorliegenden Buch zu Worte kommt, hat 2012 einen weiteren Artikel im renommierten Berghof

1 www.kreativimkonflikt.de

Handbuch für Konflikttransformation veröffentlicht[2]. Neben allgemeineren Ausführungen zur Rolle von Theater in Konfliktregionen formuliert sie die Position, dass die Methode des Forumtheaters den spezifischen Anfordernissen eines post-war peacebuilding Kontext angepasst werden muss, um nicht nur *in*, sondern auch *an* den Konflikten zu arbeiten. Anhand eigener Praxisbeispiele aus dem Libanon bietet sie mit diesem Artikel weitere Überlegungen zur Anwendung des Forumtheaters in Nachkriegsregionen.

Auch auf das bereits in den Berliner Schriften veröffentlichte Buch von Hjalmar Jorge Joffre-Eichhorn zum TdU in Afghanistan möchte ich kurz Bezug nehmen. In einer Rezension zu der ersten Ausgabe seines Buches schlussfolgert das Fachjournal Wissenschaft und Frieden in der Ausgabe 3/2011:

> „Es ist an der Zeit, das Theater der Unterdrückten für die Friedensbildung in den Schulen, Hochschulen und anderen Bildungseinrichtungen aufs Neue zu aktivieren."

Ein eindrückliches Beispiel für die bereits bestehende Integration des TdU in die Hochschulbildung ist der Masterstudiengang „Peace Studies" an der Universität Innsbruck. Prof. Wolfgang Dietrich, UNESCO Chairholder für Peace Studies und Leiter des Studiengangs, hat vor dem Hintergrund seiner eigenen Arbeit mit Johan Galtung und vor allem aber auch inspiriert von den Werken John Paul Lederachs eine umfassende Umsetzung der elicitiven Konflikttransformation auch in der Lehre entwickelt. Sowohl Augusto Boal als auch die TdU-PraktikerInnen Armin Staffler, Birgit Fritz und David Diamond waren und sind als Lehrende in dem Masterstudiengang in Innsbruck aktiv. Der Begriff „elicitive", englisch für hervorlockend, beschreibt dabei die Haltung in der Konfliktbearbeitung, die Lederach durch den Kontakt mit Freires Pädagogik in „education popular" Gruppen in Mittelamerika kennenlernte. Erst durch die Begegnungen mit den Ansätzen von Paulo Freire begann Lederach seinen Ansatz der elicitiven Konfliktbearbeitung zu entwickeln. Dietrich knüpft daran an und zeigt die vielfältigen Beziehungen zwischen Klassikern in der Friedens-

---

2 Reich, Hannah 2012. The Art of Seeing: Investigating and Transforming Conflicts with Interactive Theatre. Berlin: Berghof Foundation /Online Berghof Handbook for Conflict Transformation. <http://www.berghof-handbook.net/documents/publications/reich_handbook.pdf>. First launch 20/12/2012

forschung, der Humanistischen Psychologie der Pioniere der Human-Potential-Bewegung wie Moreno, Perls und Rogers, der Befreiungspädagogik Illichs und Freires und auch dem Theater der Unterdrückten Boals. In seinen Worten:

> „Die Humanistische Psychologie und mit ihr die elicitive Konfliktarbeit haben ihre Wurzeln in der Theatererfahrung Jakob Levy Morenos und Fritz Perls'. In Augusto Boal schließt sich der Kreis in einer Theaterform, die auf alle Errungenschaften der Humanistischen Psychologie greift, als Königsdisziplin der elicitiven Konflikttransformation."[3]

Eben jene elicitive Haltung wird auch in den Interviews mit den Curingas deutlich sichtbar. Linda Ebbers formuliert klar, wie die verschiedenen Techniken aus dem TdU für die Transformation von Konflikten auf verschiedenen gesellschaftlichen Ebenen verwendet werden können und stellt dies auch anhand eines Fallbeispiels der Gruppe „Marias do Brasil" konkret dar. Sie beschreibt die introspektiven Techniken des Regenbogen der Wünsche für die Bearbeitung von intrapersonellen Konflikten, das Forumtheater insbesondere für interpersonelle, soziale Konflikte und schließlich das Legislative Theater als eine Form für die politisch wirksame Veränderung von strukturellen Konflikten und deren rechtlichen Grundlagen. Somit beschreibt sie die Arbeit der Gruppe „Marias do Brasil" als ein Beispiel für die systematische Anwendung aller Techniken des TdU, um Transformationsprozesse von der persönlich-individuellen bis hin zur legislativen Ebene zu ermöglichen.

Die Bezüge, Möglichkeiten und Grenzen zwischen dem TdU und der zivilen Konfliktbearbeitung werden im vorliegenden Buch weiter ausformuliert und stellen gleichzeitig ein noch weiter auszubauendes Forschungs- und Praxisfeld dar. Der Beitrag von Linda Ebbers liegt meines Erachtens nach darin, zwei Jahre, nachdem Augusto Boal 2009 verstorben ist, eine ausführliche Momentaufnahme der Theorie und Praxis des TdU am CTO in Rio aufgenommen zu haben. Die Anwendung des TdU in zahlreichen Konflikten und in der Friedensarbeit legt eine weitere Auseinandersetzung mit den Theorien und Ansätzen der zivilen Konflikttransformation nahe.

---

[3] Wolfgang Dietrich (2011): Variationen über die vielen Frieden. Band 2: Elicitive Konflikttransformation und die transrationale Wende in der Friedenspolitik. VS Verlag. S. 264

An dieser Stelle möchte ich noch auf das aktuelle Projekt „Panel for Peace: Dialogue on Peace and Theatre“ von Formaat in Rotterdam hinweisen. In interaktiven Veranstaltungen mit Panel-Gesprächen, Theaterstücken und live-Webcasts verfolgt Formaat das Ziel, einen interaktiven Dialog zur Anwendung von partizipativem Theater für Konflikttransformation und Peacebuilding anzuregen.[4] Vieles gibt es in diesem Dialog noch voneinander zu lernen und insbesondere der Blick auf gemeinsame Wurzeln und Hintergründe bietet zahlreiche Impulse, um den Baum des TdU auch im 21. Jhd. immer weiter wachsen zu lassen.

Ich wünsche allen Leserinnen und Lesern dieses Buches eine interessante und inspirierende Auseinandersetzung mit den hier gezeichneten Verbindungen zwischen dem TdU und der zivilen Konfliktbearbeitung.

Dominik Werner, Marburg im Oktober 2013

---

4 http://www.formaat.org/ - Beide Webcastsendungen sind online als Videos ansehbar!

INHALTSVERZEICHNIS

I. EINLEITUNG

1.1. Kunst und Konflikt - Eine dialogische Hinführung

Der erste Teil des Titels der vorliegenden Studie schmückt sich mit dem Oxymoron „Darstellende Kunst und zivile Konfliktbearbeitung“ und löst vielleicht Verwunderung über den Zusammenhang zwischen diesen beiden, auf den ersten Blick unterschiedlichen Disziplinen aus. Vor diesem Hintergrund soll hinführend zum Titel und Thema zunächst mit Hilfe des Artikels von Scruti Bala und Hannah Reich: „Kunst und Konflikt: eine kritische Betrachtung“ auf die scheinbare Widersprüchlichkeit von „Kunst“ und „Konflikt“ eingegangen werden. Die scheinbaren Unvereinbarkeiten werden dadurch zum Teil aufgehoben und die Beziehung der beiden Disziplinen analysiert.

Das „Theater der Unterdrückten“ (TdU), der partizipative, dialogische Theateransatz, auf den sich diese Studie bezieht, soll in Bezug zu einigen Thesen des Artikels gestellt werden.

> „Die Beziehung zwischen Kunst und Konflikt scheint auf den ersten Blick eine antagonistische zu sein. Mit Kunst wird in erster Linie das Ästhetische, Schöne, Gute assoziiert, ja ein von den Gefahren und blutigen Machtkämpfen der Welt meilenweit entfernter Ort“ (Bala/Reich 2003:1).

Im Theater der Unterdrückten wird Kunst nicht nur als das „Schöne“ verstanden. Der Begründer des Theaters der Unterdrückten Augusto Boal sieht in jedem Menschen einen Künstler, ein handelndes, schaffendes Subjekt. Durch die Spezialisierung/ Professionalisierung und das Absprechen künstlerischer Fähigkeiten in der Entwicklung des Menschen, habe dieser verlernt, seinen künstlerischen Fähigkeiten Ausdruck zu verleihen. „Kunst zu machen“ werde Wenigen vorbehalten, die diese dominieren und darüber hinaus bestimmen würden, was Kunst, was „schön“ sei. Nach Boal hat jeder Mensch sehr vielfältiges künstlerisches Potenzial, er sollte dazu angeregt werden, dieses zu entfalten. Genau dies beabsichtigt das Theater der Unterdrückten, vor allem mit der „Ästhetik der Unterdrückten“ (vgl. Boal 2009).

> „Denkt man stattdessen an Konflikt, so erscheint sofort ein Schauplatz von Gewalt, Zerstörung und Brutalität mit verheerenden materiellen und physischen Nachwirkungen. Die Wirkung von Kunst auf das politische Geschehen erscheint marginal. Umgekehrt wird die Existenz eines Konfliktes primär als destruktiv wahrgenommen und kaum als eine Ursache für einen kreativen Austausch“ (ebd.).

Konflikte sind grundlegend und notwendig für das Theater. Im Verständnis des Theaters der Unterdrückten sind Konflikte positiv, sie sind notwendig für Veränderungen und tragen ein erhebliches Transformationspotenzial in sich. Sie sind Ausgangspunkt des Theaters der Unterdrückten, mit dem versucht wird, Konflikte kreativ zu bearbeiten und gesellschaftliche Veränderungen zu erreichen.

> „Die Konfliktbearbeitung mit künstlerischen Mitteln wird jedoch nicht zwangsläufig dem Anspruch einer konstruktiven Konflikttransformation gerecht. Anstatt die Widersprüche im Konfliktraum aufzubrechen, können ihre Darstellung und Weiterverbreitung die Konfliktlinien geradezu verstärken: etwa in der Erzeugung von Feindbildern in Spielfilmen oder in der Militärpropaganda“ (ebd.).

An dieser Stelle setzt meine Studie an. Sie prüft bestimmte künstlerische Mittel, nämlich die Methoden und Techniken des Theaters der Unterdrückten auf ihre konflikttransformative Wirksamkeit.

> „Es ist wichtig, die großen Narrationen der Machteliten zu verwerfen, die meist die Erfahrungen in die eine oder andere Richtung gedeutet haben wollen. Stattdessen sollte ein Raum erschaffen werden, in dem kleine, ganz persönliche Geschichten frei von Norm, Anpassung oder Demütigung einen Platz finden“ (Bala/Reich 2003:2).

Genau ein solcher Raum, wie er von Bala und Reich gefordert wird, bietet das Theater der Unterdrückten. Es ist ein Theater für, von und durch „Unterdrückte“ und nicht für „Unterdrücker“. Der Monolog der Machteliten hat im TdU keinen Platz. Persönlich erlebte Konflikte von Unterdrückten können im Ästhetischen (Schutz-) Raum wiedererlebt werden, subjektive Erinnerungen und Emotionen in ihn hinein projiziert und Handlungsalternativen können erprobt werden, um den Konflikt besser zu bearbeiten. Das Ziel des TdU besteht darin, mit den aus den persönlichen Erfahrungen entstandenen Theaterstücken in die Öffentlichkeit zu gehen und in einen gesellschaftlichen Dialog zu treten bzw. diesen anzustoßen.

1.2. Stand der Forschung

Im deutschsprachigen Raum ist das Theater der Unterdrückten in der Vergangenheit vor allem als Methode der sozialen Arbeit und in pädagogischen Kontexten (z.B. in der Selbsthilfe, im Gefängnis, im Fremdsprachenunterricht oder der Erwachsenenbildung) angewendet und untersucht worden. Beispielhaft sind hier die Arbeiten von Thomas Haug und Simone Neuroth zu nennen.

Michael Wrentschur, Soziologe und Theaterpädagoge, befasst sich in seiner Dissertation mit städtischer Gewalt sowie Handlungs- und Teilhabemöglichkeiten durch das TdU im öffentlichen Raum und bezieht sich auf die Gewaltbegriffe Johan Galtungs. Auch Helmut Wiegand und Armin Staffler verwenden in ihren Arbeiten die Gewaltbegriffe Galtungs (zur Annäherung an den Begriff der Unterdrückung), ohne jedoch explizit auf den Gewaltansatz Galtungs einzugehen oder die Auffassungen Galtungs und Augusto Boals zu verknüpfen. Anne Dirnstorfer untersucht in ihrer Arbeit das Theater der Unterdrückten beispielhaft in seiner Anwendung in Nepal. Sie erforscht, inwieweit das Forumtheater einen herrschaftsfreien Raum schafft, und begutachtet die Relevanz der Methode als Medium der Konfliktbearbeitung.

Der Verein „sabisa - performing change e.V." in Berlin setzt Theater und Performance in der Konfliktbearbeitung ein. Er initiiert Dialog und Austauschprojekte und versteht sich als Schnittstelle zwischen pädagogischer Praxis, Kunst und Wissenschaft (vgl. sabisa -performing change e.V. 2011). Hannah Reich, Mitglied des Vereins sabisa - performing change und assoziierte Mitarbeiterin des Berghof Instituts (Berghof Conflict Research), veröffentlichte in Zusammenarbeit mit Scruti Bala den in der Einführung zitierten Artikel „Kunst und Konflikt: eine kritische Betrachtung" und „Theaterräume als Methode der Wissensgenerierung", in welchen insbesondere auf die Funktion des Ästhetischen Raumes[5] und auf die Theatermethoden Augusto Boals eingegangen wird. Reich applizierte in ihrem Aktionsforschungsprojekt im Li-

[5] Erklärung Begriffsverwendung: Der Begriff „Ästhetischer Raum" wird in dieser Arbeit wie ein eigenständiger Begriff behandelt.

banon eine von ihr modifizierte Fassung des „Forumtheaters", welches in seiner ursprünglichen Form eine Methode des Theaters der Unterdrückten nach Boal ist. Ihr Ziel war es, den modifizierten Forumtheateransatz nach Boal durch seine praktische Durchführung zu testen und weiterzuentwickeln.
Am „Center for Applied Theatre Research" der Universität Manchester wird schwerpunktmäßig praxisorientierte Forschung von Theaterprojekten in „non traditional settings" gefördert. Dazu gehören Theaterprojekte mit Flüchtlingen, in Gefängnissen und Konfliktregionen. Besonders James Thompson und Jenny Hughes beschäftigen sich mit Theater und Performance in Konfliktregionen wie Sri Lanka. Es konnte nicht hinreichend analysiert werden, inwieweit die Methoden Augusto Boals Anwendung in ihren Projekten fanden. Über das Netzwerk „In Place of War" der Universität Manchester bietet Raul Araujo, ehemaliger Mitarbeiter des Zentrums für Theater der Unterdrückten (CTO), ein Seminar zu „Working with Victims of Violence Through Drama" an. Er arbeitet mit diesen Methoden u.a. in Versöhnungsprozessen von Opfern in Nordirland.
Weltweit haben andere TdU-Praktiker die Methoden Boals in Konfliktregionen wie Palästina, Sudan und Afghanistan angewendet und verschiedenste Konflikte mit ihnen bearbeitet. Diese Arbeiten sind zum Teil in Form von „Erfahrungsberichten" dokumentiert worden, bieten aber sehr wenig wissenschaftliche Anhaltspunkte. Als Beispiel soll hier das im Jahr 2011 erschienene Buch „Tears into Energy. Das Theater der Unterdrückten in Afghanistan" angeführt werden. Joffre-Eichhorn berichtet in diesem Buch über seine Erfahrungen mit der Anwendung des TdU in Afghanistan, wo er es unter u.a. in der Versöhnungsarbeit mit Opferverbänden einsetzt.

1.3. Forschungsgegenstand, Ziel und Relevanz der Studie

Das Theater der Unterdrückten setzt sich nach Haug über die Grenzen von Kunst, Theater, Pädagogik, Politik, Psychologie und Soziologie hinweg.

> „Sein gewissermaßen interdisziplinärer, transprofessioneller Ansatz integriert scheinbar unvereinbare Bereiche und generiert damit Synergieeffekte (Haug 2005: 43).

Diese Studie versucht im „interdisziplinären Sinne" die Bereiche „Kunst" und „Friedens- und Konfliktforschung" zusammenzuführen und prüft, inwieweit das Theater der Unterdrückten nach Augusto Boal den Ansprüchen an eine Methode der zivilen Konfliktbearbeitung genügt und welchen Beitrag es als kreative Methode zur Konflikttransformation leisten kann. Zu diesem Zweck werden zunächst der Begriff und das Konzept der zivilen Konfliktbearbeitung und konflikttransformative Grundannahmen der Friedensforscher John Paul Lederach und Johan Galtung angeführt, um diese abschließend mit den Grundannahmen, Methoden und Techniken des Theaters der Unterdrückten abzugleichen. Als Forschungsgegenstand dient das Theater der Unterdrückten und bezieht sich in dieser Studie auf das Verständnis und die Anwendung des Zentrums des Theaters der Unterdrückten (CTO) in Rio de Janeiro (Brasilien), dessen künstlerischer Leiter bis zu seinem Tod (2009) der Begründer der Methoden Augusto Boals war. Durch die qualitative Forschung in Form von teilnehmender Beobachtung und Experteninterviews am CTO konnte der Frage nach dem konflikttransformativen Potenzial des Theaters der Unterdrückten nachgegangen werden.

1.4. Aufbau der Studie

In dem dieser Einleitung folgendem zweiten Kapitel der Studie wird der Begriff und das Konzept der zivilen Konfliktbearbeitung (ZKB) vorgestellt. Darauf aufbauend wird das Konfliktverständnis von John Paul Lederach und Johan Galtung dargestellt, sowie grundlegende konflikttransformativen Annahmen und ausgewählte, von ihnen geprägte Begriffe und Modelle der Konfliktbearbeitung, veranschaulicht.
Auf die Beschreibung der dieser Studie zugrunde liegenden Methoden in Kapitel drei folgt das Kapitel über das Theater der Unterdrückten, das sich vor allem auf die Ergebnisse der empirischen Forschung stützt. Zunächst werden die grundlegenden Merkmale des TdU skizziert, bevor die Konzeption und die Historie des Methodenspektrums dargestellt werden. Das konflikttransformative Potenzial prüfend, wird das Konflikt- und Transformationsverständnis des TdU beleuchtet und gezeigt, wie Konflikte im TdU analysiert werden. In einem letzten Schritt werden die Ebenen beschrieben, auf denen Konflikttransformationen im und durch das TdU erreicht werden. Besonders großen Raum erhält die Konflikttransformation sozialer Konflikte durch das sogenannte „Forumtheater“ als eine zentrale Methode Boals. Es werden die Besonderheiten des dialogischen Forumtheaters aufgezeigt sowie der Prozess von der Erarbeitung einer Szene bis hin zum Ablauf einer öffentlichen Aufführung

beschrieben. Mit dem Fallbeispiel der „Marias do Brasil“, einer Theatergruppe brasilianischer Hausangestellter des CTO, schließt das Hauptkapitel ab. Die theoretischen Beschreibungen des TdU werden hier an einem praktischen Beispiel illustriert. Im vorletzten Kapitel werden die konflikttransformativen, theoretischen Grundannahmen aus dem zweiten Kapitel mit den im Hauptkapitel dargestellten Konzepten des TdU zusammengeführt und abgeglichen.

Das Schlusskapitel der Studie zeigt auf, welche Schlussfolgerungen aus der Studie gezogen werden können und welche Herausforderungen sich aus den Ergebnissen der Forschung ergeben.

II. ZIVILE KONFLIKTBEARBEITUNG IN DER FRIEDENS- UND KONFLIKTFORSCHUNG – KONFLIKTTRANSFORMATIVE GRUNDANNAHMEN

Zur Einordnung des Themas der Studie soll zunächst das Begriffskonzept „Zivile Konfliktbearbeitung" kurz erklärt werden, bevor sich den konflikttransformativen Grundannahmen in der Friedens- und Konfliktforschung gewidmet wird.

2.1. Zivile Konfliktbearbeitung

Der Begriff und das Konzept der zivilen Konfliktbearbeitung (ZKB) sind eng verknüpft mit den historischen Ereignissen des letzten Jahrhunderts. Friedensorganisationen und Friedensdienste, die dazu beitrugen und bis heute dazu beitragen, Konflikte gewaltfrei auszutragen und Gerechtigkeit herstellen wollten, waren bereits in Reaktion auf den ersten Weltkrieg entstanden. Vor allem christlich geprägte Organisationen und Friedenskirchen (Quäker, Mennoniten und Church of Brethen) beschäftigten sich mit ziviler Konfliktbearbeitung und setzten sich mit deren Methoden auseinander. Sie trugen maßgebend dazu bei, dass Entwicklungshilfe- und Freiwilligendienste entstanden, auch wenn diese sich zunächst nicht vorrangig mit Themen der Konfliktbearbeitung auseinandersetzten. Die Friedensbewegung der achtziger Jahre und die konziliaren Prozesse trugen maßgeblich zur gesellschaftlichen und politischen Auseinandersetzung mit diesem Thema bei (vgl. Berndt 2006: 5 ff.).

Nach Weller hat sich der Begriff der Zivilen Konfliktbearbeitung in Deutschland vor allem in den neunziger Jahren auch in der Politik herausgebildet und wurde seither systematisiert. Er misst dem Umgang mit gesellschaftlichen Konflikten in der Außen- und internationalen Politik eine immer größer werdende Rolle zu. Der Aktionsplan „Zivile Krisenprävention, Konfliktlösung und Friedenskonsolidierung" der damaligen rot-grünen Bundesregierung vom 12. Mai 2004 sei beispielhaft dafür. Dieser räume besonders den zivilgesellschaftlichen Akteuren große Bedeutung ein. In den Bereichen der Außen-, Sicherheits- und Entwicklungspolitik, die der zivilen Krisenprävention zugeordnet werden, seien besonders viele nichtstaatliche Organisationen eingebunden. Weller bezieht sich weiterhin auf eine Aussage von Bundeskanzlerin Angela Merkel, welche die in diesem Bereich tätigen Nichtregierungsorganisationen charakterisiert. Nichtregierungsorganisation (NROs) seien Organisationen, die für die Durchsetzung von Menschenrechten einträten und diese nicht nur verteidigten, sondern sie gleichzeitig als Mittel ziviler Konfliktbearbeitung nutzten (vgl. Weller 2007: 15). Auch Ropers und Diebel betonen die Notwendigkeit von Koalitionen von staatlichen und gesellschaftlichen Akteuren und den Bedarf an mehrdimensionalen Konfliktbearbeitungsansätzen (vgl. Ropers/Diebel 1995: 8 ff.). Weller weist darauf hin, dass Zivile Konfliktbearbeitung nicht nur ein Feld politischer, sondern auch wissenschaftlicher Kontroversen sei. Strittig seien Begriffswahl, Konzeption und die Wirkung ziviler Konfliktinterventionen. Weller bezieht sich dabei auf die Begriffsbeschreibung Buros von 1993. Der Begriff Zivile Konfliktbearbeitung beschreibt danach „[...]vor allem nicht-militärische Eingriffe in eskalationsgefährdete oder schon gewaltvoll ausgetragene Konflikte“ (Weller 2007: 14). Ohne dass sich eine Definition durchgesetzt hätte, ergibt Wellers Analyse, dass sich ab 1995 „[...] der Begriff Zivile Konfliktbearbeitung als Bezeichnung für alle Friedensbemühungen mit friedlichen Mitteln und unter Beteiligung nichtstaatlicher Akteure durchsetzte“ (Weller 2007: 17). Zahlreiche gesellschaftliche Akteure haben sich 1998 in der „Plattform Zivile Konfliktbearbeitung“ vernetzt und führen seither die Debatte um Begriffe, Akteure und Instrumente in diesem Zusammenhang weiter.

Begriffe wie „zivile Konfliktbearbeitung“, „Nichtmilitärische Konfliktbearbeitung“, „Friedliche Konfliktbearbeitung“ oder „Konstruktive Konfliktbearbeitung“ werden häufig synonym verwendet und lassen sich nur schwer gegeneinander abgrenzen; in den internationalen Beziehungen werden diese auch als „Soft Power“ in Abgrenzung zu militärischen Maßnahmen der Konfliktbearbeitung bezeichnet. „Soft Power“ meint gewaltfreie Strategien der Intervention, um friedliche Entwicklung und gerechtere, demokratische Strukturen zu fördern (vgl. Jäger 1997: 49). In der vielfältigen Begriffswahl zeichnen sich die von Weller beschriebenen Kontroversen ab. In meiner Studie wird der geläufigste Begriff „Zivile Konfliktbearbeitung“ verwendet. In dieser Studie wird auf die wissenschaftlichen wie politischen Debatten und den aktuellen Forschungsgegenstand der ZKB nicht vertiefend eingegangen. Es wird sich dem Begriff und dem Konzept angenähert, um das Theater der Unterdrückten als eine Methode der ZKB, die von zivilgesellschaftlichen Akteuren implementiert wird, einzuordnen. Weller betont, dass es sich bei der ZKB um einen politischen Begriff handele und dass jeder Definitionsversuch von politischen und erkenntnistheoretischen Interessen beeinflusst sei (vgl. Weller 2007: 11).

Zivile Konfliktbearbeitung ist nach Schweitzer „die Bearbeitung von Konflikten ohne die Anwendung direkter Gewalt mit dem Ziel, eine Regelung oder Lösung zu finden, die die Interessen aller Konfliktparteien berücksichtigt" (Schweitzer 2004: 512 f.).

Die Aktionsgemeinschaft Dienst als Frieden (AGDF) versteht zivile, gewaltfreie Konfliktbearbeitung als

> „[...] die Bearbeitung von potenziell gewalttätigen Konflikten durch konstruktive Methoden, die auf Gewaltanwendung verzichten. So kann zivile, gewaltfreie Konfliktbearbeitung zur Alternative für militärische Konfliktregelung werden, aber auch im Inland eine neue Konfliktkultur fördern" (AGDF 2011).

Zivile Konfliktbearbeitung kann an jeder gesellschaftlichen Ebene ansetzen und so können Akteure sowohl Staaten, Regierungen und internationale Organisationen als auch nichtstaatliche Organisationen in Form von Netzwerken, Bewegungen, Medien usw. sein. Es wird unterschieden zwischen „Top-down"-Ansätzen, die auf der Makro-Ebene ansetzen und „Bottom-up"-Ansätzen, die von der unteren lokalen bzw. Graswurzel-Ebene in höhere Ebenen hineinzuwirken versuchen. Die Wirkungsorientierung eines Ansatzes werde in der Wissenschaft und Praxis diskutiert bzw. eingefordert, aber die Messbarkeit und der Nachweis über die Wirksamkeit seien nur schwer zu erbringen (vgl. Körppern 2007: 29 ff., Quack 2007).

Auf die Akteure und die Bedeutung ihrer Herkunft aus unterschiedlichen gesellschaftlichen Ebenen wird in dem Kapitel zu Konflikttransformation bezugnehmend auf Lederach detaillierter eingegangen (siehe Kapitel 2.2.1.2).

An dieser Stelle soll auf das positive Konfliktverständnis in der zivilen Konfliktbearbeitung eingegangen werden, welches in dieser Studie kongruent mit dem Konfliktverständnis des Theaters der Unterdrückten (TdU) verwendet wird.

> „Die Beschäftigung mit ziviler Konfliktbearbeitung setzt [...] voraus, dass auch das eigene Konfliktverständnis mitberücksichtigt wird und kein Tabuthema bleibt. Voraussetzung hierfür ist, dass man lernt, Konflikte nicht als negativ und zerstörerisch zu betrachten, sondern auch als produktiv. Dies kann wiederum nur gelingen, wenn beim Austragen von Konflikten schwerwiegende psychische Verletzungen vermieden werden können" (Jäger 1997: 29).

Befürworter der ZKB vertreten nach Köhler die These, dass, wenn Konflikte konstruktiv ausgetragen werden, diese integrierend in die Gesellschaften wirken. Diese These unterstreicht das positive Konfliktverständnis, welches Konflikte als notwendig für Veränderungen ansieht (vgl. Köhler 2005: 32).
Paul Lederach versteht Konflikte als Progression.

> „It is expressive, dynamic, and dialectical in nature. Relationally based, conflict is born in the world of human meaning and perception. It is constantly changed by ongoing human interaction, and it continuously changes the very people who give it life and the social environment in which it is born, evolves, and perhaps ends"(Lederach 1997: 64).

Lederach beschreibt Konflikte als natürliche und kontinuierliche Dynamiken in menschlichen Beziehungen: „I understand social conflict to be a natural, common experience present in all relationsships and cultures" (Lederach 1995: 9).
Johan Galtung betrachtet Konflikt als positiv im Sinne einer Herausforderung und spricht von einer "Inkompatibilität von Zielsetzungen als gewaltige intellektuelle und emotionale Herausforderung an die Konfliktparteien" (Galtung 1975: 115). Nach Galtung hätten Konflikte lebensbejahende (schöpferische) und lebenszerstörende Aspekte (vgl. Miall 2004: 4). Galtung betrachtet Konflikte als „chinesische Krise", von der gleichzeitig eine Gefahr und Chance ausgehen könne. „Die Gefahr steht in enger Beziehung zur Gewalt, und die Chance kommt der Herausforderung, der Wurzel schöpferischen Tuns, ziemlich nahe" (Galtung 2007: 134).
Das Ziel ziviler Konfliktbearbeitung lässt sich mit Jägers Worten als „Verführung zur Gewaltfreiheit", zu mehr Gerechtigkeit, zu Versöhnung- und Kooperationsbereitschaft, durch welche Feindbilder und erstarrte Denkfiguren überwunden werden, beschreiben (vgl. Jäger 1997: 59). Nach Lederach sollte jegliche Intervention mit einem längerfristigen Ziel verbunden sein, was am ehesten mit dem Begriff von „Nachhaltiger Entwicklung" ausgedrückt werden kann. Jegliche Konfliktintervention sollte auf einem Konzept der Transformation fußen (vgl. Lederach 1997: 75).
Die Aufgabe ziviler Konfliktbearbeitung sei nach Köhler, Gewalt zu mindern und möglichst zu verhindern sowie die Inhalte des Konfliktes zu bearbeiten und die dem Konflikt zugrundeliegenden Strukturen, Denk- und Verhaltensweisen zu verändern. Köhler stellt verschiedene Instrumente der zivilen Konfliktbearbeitung, wie beispielsweise „Aufbau von Frühwarnsystemen", „Monitoring", „Mediation",

„Schiedsgerichtbarkeit“ und „Stärkung der Konfliktbearbeitungskompetenz der Konfliktparteien“ vor (vgl. Köhler 2005: 35).
Meiner Einschätzung nach lässt sich das Theater der Unterdrückten als Instrument zur „Stärkung der Konfliktbearbeitungskompetenz der Konfliktparteien“ nach Köhler beschreiben (vgl. Köhler 2005: 37).
Es handelt sich um eine Methode, in der Menschen ihre Kompetenz, Konflikte ohne Gewalt zu bearbeiten, erweitern können. Das Theater der Unterdrückten strebt diese Kompetenzerweiterung im Sinne einer Ausweitung des Wissens- und Handlungsspektrums an, um sich aus der Unterdrückung zu befreien und um eine Konflikttransformation auf verschiedenen Ebenen zu erreichen. Auf das Ziel des TdU wird in dem Kapitel 4.3.1 genauer eingegangen.

2.2. Konflikttransformative Grundannahmen

Im Folgenden werden verschiedene konflikttransformative Grundannahmen vorgestellt. Es wird sich auf Annahmen, Konzepte und Modelle beschränkt, bei denen Bezüge zu den Grundannahmen des Theaters der Unterdrückten erkennbar sind. In Kapitel V werden diese mit den Grundannahmen und Konzepten im TdU abgeglichen. Bevor auf das konflikttransformative Verständnis verschiedener Friedens- und Konfliktforscher eingegangen wird, soll die Definition des Berghof Instituts, welches mit einem praxisorientierten Ansatz zu Instrumenten der Konflikttransformation forscht, angeführt werden.

> "Konflikttransformation verstehen wir als Prozess zur Veränderung von Beziehungen, Interessen, Diskursen und Strukturen, die Gewaltkonflikte unterstützen. Negative, destruktive Formen der Konfliktaustragung sind durch positive, konstruktive Ansätze zu ersetzen. Dies erfordert das Erkennen und die Bearbeitung tiefer liegender, struktureller Konfliktursachen. Konflikttransformation benötigt ein Engagement über einen längeren Zeitraum und erfordert Aktivitäten und Kooperationen auf unterschiedlichen Ebenen“ (Berghof Conflict Research 2011).

Verschiedene Friedens- und Konfliktforscher haben sich mit Strategien, Mitteln und Ansätzen der Konflikttransformation beschäftigt. Ihren Konzepten liegt im Allgemeinen ein positives Konfliktverständnis zu Grunde (siehe Kapitel 2.1). Sie sind als umfassende, ganzheitliche Ansätze zu beschreiben, die sowohl auf akutes Krisenmanagement ausgerichtet sind als auch auf die Transformation struktureller und kultureller Ursachen von Konflikten (vgl. Reich in Berghof Occasional Paper No 27 2006: 19 ff.). Besonders Paul Lederach und Johan Galtung haben versucht, Modelle für Konflikttransformation zu entwickeln. Grundlegende Annahmen und ausgewählte Konzepte beider Forscher werden im Folgenden beleuchtet und werden durch weitere führende Friedensforscher und ihre Theorien ergänzt und in Beziehung gesetzt.[6] Die Studie erhebt nicht den Anspruch auf Vollständigkeit und eine tiefgehende Analyse der Theorien und Konzepte. Sie bezieht sich vielmehr auf die Aspekte, die für die Fragestellung der Studie und das im Hauptkapitel dargestellte Theaterkonzept Boals von Bedeutung sind.

2.2.1. Konflikt und Konflikttransformationsverständnis nach Lederach

Paul Lederach arbeitete in den achtziger Jahren unter den Auspizien des „Mennonite Central Committee" in Zentralamerika, wo er Workshops in Konfliktlösung und Mediation durchführte. Heute ist er Professor für Soziologie und Conflict Studies an der Eastern Mennonite University.
Lederach verweist in seinen Arbeiten auf den brasilianischen Pädagogen Paulo Freire, der die „Pädagogik der Unterdrückten" begründet hat. Dieser steht in enger Beziehung zu Augusto Boal und dem „Theater der Unterdrückten" (siehe Kapitel 4.1.2). Lederachs persönliche Erfahrungen mit „popular education" (Paulo Freire) in Lateinamerika und Afrika hätten sein Denken und seine Trainings am meisten geprägt. Dabei zeige sich der Einfluss Paulo Freires besonders in seiner Auffassung, dass transformative Friedensarbeit sowohl persönliche (individuelle), als auch systematische Veränderungen beinhalte (vgl. Lederach 1995: 19ff). Paul Lederach hat durch seine Erfahrungen und seine Forschung in Konfliktkontexten mit der Entwicklung von sehr praktischen, anwendungsorientierten Konzepten die Friedens- und Konfliktforschung bereichert und geprägt.

6 Anmerkung: In dieser Arbeit wird sich weitestgehend auf die Annahmen, Begriffe und Modelle Lederachs und Galtungs beschränkt, bei denen sehr viele Verknüpfungspunkte zum TdU zu erkennen sind. Andere (erweiterte) Forschungsansätze, wie beispielsweise die von Miall, Ropers, Schell-Faucon und Graf und Kamer können aus Gründen des Umfangs der Arbeit nur ansatzweise oder gar nicht berücksichtigt werden, auch wenn sich aus ihren Arbeiten ebenfalls Bezüge zum Theater der Unterdrückten ableiten ließen.

2.2.1.1. Konflikttransformation nach Lederach

Lederach plädiert heute angesichts der Beschaffenheit und des Charakters von Konflikten für einen Paradigmenwechsel von „statischer Diplomatie“ zu multimodalen Ansätzen, die Versöhnung und den Wiederaufbau von Beziehungen in den Mittelpunkt stellen (Lederach 1997: ix). Zentral für seinen integrativen Ansatz ist, dass er für Konflikttransformation einen Prozess fordert, an dem Akteure verschiedener gesellschaftlicher Ebenen teilhaben sollen. Er sieht Menschen als Ressource im „Peacebuilding“-Prozess und entwickelt die Annahme, dass die Identifizierung, das Verstehen und Bearbeiten von Problemen am besten unter der Partizipation und dem „Empowerment“ der Menschen in ihren Verhältnissen und Bezügen in ihrer Umgebung geschehe (vgl. Lederach 1995: 32). Als (Mediations-)Trainer hält er es für unabdingbar, an die kreativen Fähigkeiten der Menschen zu glauben und diese direkt einzubinden. Er wendet sich von dem zeitlich begrenzten, projektorientierten Denken ab. Der Prozessstruktur und Komplexität eines Konfliktes entsprechend, versteht er Konflikttransformation als einen dauerhaften Prozess. Ein umfassenderes Verständnis von nachhaltiger Konflikttransformation und die Wiederherstellung von Beziehungen als Ziel des „Peacebuildings“ fordert die Reflexion der „Konflikt-Facilitator“[7] über jede Aktivität, Aufgabe und Funktion in diesem Prozess. Nach diesem Verständnis sei es notwendig, Aktivitäten mit dem langfristigen Ziel in Beziehung zu setzen, um zu prüfen, ob sie den konstruktiven Prozess stützten (vgl. Lederach 1997: 71).

Lederach sieht in Konflikten das Potenzial konstruktiver Veränderung und definiert Konflikttransformation wie folgt:

> „Confict transformation represents a comprehensive set of lenses for describing how conflict emerges from, evolves within, and brings about changes in the personal, relational, structural, and cultural dimension, and for developing creative responses that promote peaceful change within those dimensions through nonviolent mechanisms” (Lederach 1997: 83).

---

[7] Begriffsverwendung: „Konflikt-Facilitator” bezeichnet nach Lederach denjenigen, der die friedensbildenden Aktivitäten im Peacebuilding-Prozess begleitet.

Lederach versteht Konflikttransformation als einen langfristig angelegten „Strukturprozess“, bei dem, neben den Veränderungen von Beziehungen, Interessen, Diskursen, manchmal die Transformation einer Gesellschaftsstruktur nötig sei. Die Schlüsseldimensionen seien Veränderungen persönlicher, struktureller, kultureller und Beziehungs-Aspekte des Konfliktes (vgl. Miall 2004: 4 ff.).

Die persönliche Dimension der Transformation beziehe sich auf die im Individuum hervorgerufenen Veränderungen und seine Wünsche. Dies umfasse die eigene Wahrnehmung sowie emotionale und spirituelle Aspekte des Konfliktes. Die Transformation in der Beziehungsdimension beziehe sich ähnlich wie bei der persönlichen Ebene auf hervorgerufene Veränderungen in Bezug auf Emotionen, Interdependenz und Wünsche innerhalb von zwischenmenschlichen Beziehungen. In dieser Dimension spielen Ausdruck, Kommunikation, Interaktion, gegenseitige Abhängigkeiten und Beziehungsgewohnheiten eine entscheidende Rolle. Transformation auf struktureller Ebene bringe die, in der sozialen Struktur selbst liegenden, Ursachen eines Konfliktes ans Licht und zeige ihre Auswirkungen auf die soziale Struktur auf. Diese Ebene eines Konfliktes berücksichtigt beispielsweise grundlegende menschliche Bedürfnisse, Zugang zu Ressourcen und institutionalisierte Entscheidungsstrukturen etc. Transformation in der kulturellen Ebene beziehe sich auf Veränderungen kultureller Aspekte und Annahmen, die den Konfliktverlauf mitbestimmen oder auch zum Beispiel aus kulturellen Eigenarten im Umgang mit Konflikten (vgl. Lederach 1997: 82 f.).

Konflikttransformation ist für ihn unabdingbar verbunden mit Versöhnung, mit der Veränderung von Beziehungen auf horizontaler und auf vertikaler Ebene, also Beziehungen unterschiedlicher Ebenen. Dabei sollte jegliche Friedensarbeit eine Antwort auf die subjektiv erfahrenen Realitäten der Menschen sein. Lederach deklariert: „To be at all germane to contemporary conflict, peacebuilding must be rooted in and responsive to the experiential and subjective realities shaping people`s perspective and needs” (Lederach 1997: 24). Versöhnung und der Wiederaufbau von Beziehungen sind für ihn von zentraler Bedeutung, daher ist es nach Lederach nötig, sich mit den subjektiven (individuellen) Erfahrungen des Konfliktes auseinanderzusetzen. Er sucht nach einem „Katalysator“ für Versöhnung, der in gespaltenen Gesellschaften nachhaltig wirken kann. Lederach fordert innovative Ansätze und kreative Wege, um an die Ursachen von Konflikten heranzukommen und Versöhnung möglich zu machen.

„Reconciliation-as-encounter suggests that space for the acknowledging of the past and envisioning of the future is the necessary ingredient for reframing the present“ (Lederach 1997: 27).

Um Versöhnung zu erreichen, bedürfe es der Auseinandersetzung mit der Vergangenheit. Den Menschen müsse die Möglichkeit und der Raum gegeben werden, um ihre Erfahrungen und Gefühle ausdrücken zu können und nachfolgend zu bearbeiten. Für Lederach liegt eine besondere Bedeutung in der Anerkennung der eigenen persönlichen Erfahrung und der des Gegenübers. „Acknowledgement through hearing one another's stories validates experience and feelings and represents the first step toward restoration of the person and the relationship" (Lederach 1997: 26).
Neben der Auseinandersetzung mit der Vergangenheit muss der zeitlichen Dimension ‚Zukunft‘ in einem integrativen Ansatz Bedeutung zukommen.
Für das Gelingen von Friedensaktivitäten sei es nötig, eine Vision für die Zukunft zu haben. Das Imaginieren einer gewünschten Zukunft diene als „Horizont für die Reise“ (Lederach 1997: 77). „What we need are practical mechanisms by which our vision of a desired future can be used to define our response to the crisis; otherwise, the crisis and its dynamics will define the future" (Lederach 1997: 79).
In dem Buch „Moral Imagination", auf welches nachfolgend genauer eingegangen wird, widmet Lederach der zeitlichen Dimension ‚Vergangenheit‘ besondere Aufmerksamkeit. Der von ihm ursprünglich entwickelte Ansatz habe diesen Aspekt zu wenig in den Fokus genommen. Die Geschichte und die Narrative müssten in einem umfassenden Peacebuildung-Ansatz mehr Bedeutung erlangen. Die kreative Kapazität von Erzählungen und die Wirkung, die sie auf die Gegenwart und die Zukunft haben, gelte es zu erkennen und zu berücksichtigen. In der Imagination der Vergangenheit läge die Fähigkeit wiederzuerzählen und wiederzuerleben, welche von Lederach als Herausforderung für einen Friedensprozess gesehen wird und einer kreativen Handlung bedarf (vgl. Lederach 2005: 148 f.).

„Peacebuilding through the constructive transformation of conflicts is simultaneously a visionary and a context-responsive approach“(Lederach 1997: 85).

2.2.1.2. Die Akteurspyramide nach Lederach

Lederach versteht Konflikttransformation als eine multidimensionale Aufgabe, als einen Ansatz, der an allen gesellschaftlichen Ebenen rührt und Akteure aller Ebenen einbeziehen sollte. Lederach systematisiert Ebenen und Akteure seines „Peacebuilding Approaches“ in der so genannten Akteurspyramide, die immer wieder in der Konfliktforschung zitiert wird, und legt dabei den Fokus auf die Führungskräfte der einzelnen Ebenen. Er unterscheidet drei größere Kategorien: Obere Ebene, Mittlere Ebene und Graswurzel-Ebene. Zu der obersten Ebene (Level 1: Top Leadership) gehören Regierungsvertreter und Vertreter der Opposition. Diesen wird viel öffentliche Aufmerksamkeit geschenkt und so beschreibt er sie als „sichtbar“. Ihnen wird außerdem besonders viel Einfluss und Macht zugeschrieben.
Am anderen Ende der Pyramide sind Führer der Graswurzel-Ebene, „Level 3: Grassroot Leadership“, angeführt. Die Führung in dieser Ebene übernehmen Vertreter der Massen, der breiten Bevölkerung. Sie operieren in lokalen Gemeinden in unmittelbarem Kontakt mit der Bevölkerung. Zu ihnen gehören Mitarbeiter von Nichtregierungsorganisationen oder anderen lokalen Gruppierungen.
Besondere Bedeutung räumt Lederach der mittleren Ebene „Level 2: Middle-Range Leadership” ein. Die Akteure auf dieser Ebene sind Leiter und Mitarbeiter von Nichtregierungsorganisationen (NRO), ethnische oder religiöse Führer, aber auch Wissenschaftler und Intellektuelle, denen innerhalb einer Gesellschaft Respekt gebührt. Zu dieser Gruppe können auch angesehene Vertreter von Minderheiten gehören. Sie zeichnen sich dadurch aus, dass sie sowohl in der Graswurzel-Ebene bekannt sind, also auch von der Top Level - Ebene gekannt werden. Sie haben wichtige Beziehungen in beide Ebenen, sie gelten als Verbindungsglied zwischen den Ebenen und verfügen über ein gutes Netzwerk. Sie gelten als besonders einflussreich und sollten gezielte Unterstützung und Bestärkung erfahren (vgl. Lederach 1997: 38 ff.).

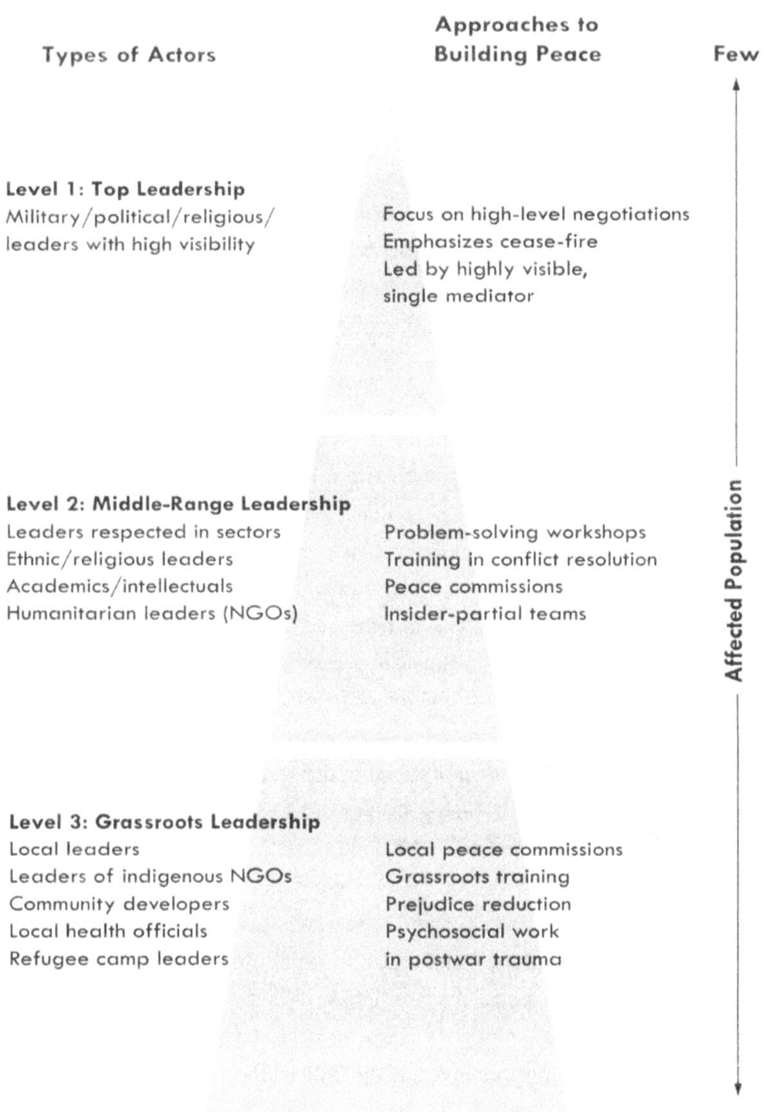

Abbildung 1: Akteurspyramide nach Lederach (vgl. Lederach 1997: 39)

Lederach versteht Konflikttransformation als eine multidimensionale Aufgabe, als einen Ansatz, der an allen gesellschaftlichen Ebenen rührt und Akteure aller Ebenen einbeziehen sollte. Lederach systematisiert Ebenen und Akteure seines „Peacebuilding Approaches“ in der so genannten Akteurspyramide, die immer wieder in der Konfliktforschung zitiert wird, und legt dabei den Fokus auf die Führungskräfte der einzelnen Ebenen. Er unterscheidet drei größere Kategorien: Obere Ebene, Mittlere Ebene und Graswurzel-Ebene. Zu der obersten Ebene (Level 1: Top Leadership) gehören Regierungsvertreter und Vertreter der Opposition. Diesen wird viel öffentliche Aufmerksamkeit geschenkt und so beschreibt er sie als „sichtbar“. Ihnen wird außerdem besonders viel Einfluss und Macht zugeschrieben.

Am anderen Ende der Pyramide sind Führer der Graswurzel-Ebene, „Level 3: Grassroot Leadership“, angeführt. Die Führung in dieser Ebene übernehmen Vertreter der Massen, der breiten Bevölkerung. Sie operieren in lokalen Gemeinden in unmittelbarem Kontakt mit der Bevölkerung. Zu ihnen gehören Mitarbeiter von Nichtregierungsorganisationen oder anderen lokalen Gruppierungen.

Besondere Bedeutung räumt Lederach der mittleren Ebene “Level 2: Middle-Range Leadership” ein. Die Akteure auf dieser Ebene sind Leiter und Mitarbeiter von Nichtregierungsorganisationen (NRO), ethnische oder religiöse Führer, aber auch Wissenschaftler und Intellektuelle, denen innerhalb einer Gesellschaft Respekt gebührt. Zu dieser Gruppe können auch angesehene Vertreter von Minderheiten gehören. Sie zeichnen sich dadurch aus, dass sie sowohl in der Graswurzel-Ebene bekannt sind, also auch von der Top Level - Ebene gekannt werden. Sie haben wichtige Beziehungen in beide Ebenen, sie gelten als Verbindungsglied zwischen den Ebenen und verfügen über ein gutes Netzwerk. Sie gelten als besonders einflussreich und sollten gezielte Unterstützung und Bestärkung erfahren (vgl. Lederach 1997: 38 ff.).

Personen der mittleren Ebene sollten durch ihre Arbeit eine „Infrastruktur“ schaffen, um dauerhaften Frieden zu erreichen. Lederach ordnet die praktisch angewandten Methoden von Akteuren der mittleren Ebene in drei Kategorien ein: problemlösende Workshops, Konfliktlösungstrainings und die Entwicklung von Friedenskommissionen.

Es wird kurz auf die Ziele der Konfliktlösungstrainings eingegangen, da sie Parallelen mit dem Ansatz des Theaters der Unterdrückten aufweisen. Die Trainings haben zum Ziel, das Bewusstsein über den Konflikt zu schärfen und Fähigkeiten zu erlernen, um mit dem Konflikt umzugehen. Außerdem zielen sie auf die Analyse von

Konfliktmustern und Konfliktdynamiken und vermitteln einen konstruktiven Umgang mit dem Konflikt: „[…] training has the more concrete goal of teaching people specific techniques and approaches for dealing with the conflict, often in the form of analytical, communication, negotiation, or mediation skills" (Lederach: 1997: 48). Lederach ist der Auffassung, dass Trainings als Instrument ii dem Konzept des Peacebuildings und der Intervention in Konflikten zu wenig Beachtung beigemessen werde. Für ihn ist Training als Prozess der „strategic capacity and relationship building" bedeutungsvoll. „Capacitiy building" bezieht sich auf die intrinsischen Potentiale des einzelnen Menschen. Für Lederach ist „Capacity building" mit dem Konzept „Empowerment" verknüpft, es geht um den Glauben und die Stärkung der Fähigkeiten der Menschen. „Relationship building" geht über das Verständnis von Training hinaus, welches darauf abzielt, individuelle Fähigkeiten und Potenziale auszuschöpfen. Relationship building bezieht sich auf den Beziehungsaufbau innerhalb, entlang und über die Konfliktlinien hinaus (vgl. Lederach 1997: 109). „A transformative approach suggests that training is less about the transfer of content than it is about the creation of a dynamic process involving key people who together focus on the realities of the conflict in their context" (Lederach 1997: 109).
Nach Lederach muss jeder Trainingsansatz drei Bedürfnisse miteinschließen: Er müsse erstens eine Antwort auf die unmittelbare Krise bieten, zweitens einen Raum für die Entwicklung einer gemeinsamen Vision und einer gewünschten Zukunft hervorbringen und drittens eine Infrastruktur entwickeln, die die notwendigen Veränderungen von der Krise zur Vision unterstütze (vgl. Lederach 1997: 127).

2.2.1.3. Das integrierte Konzept für Peacebuilding nach Lederach

Lederach entwickelte einen „Integrated Framework for Peacebuilding" als ein Modell, wie Konflikttransformation in einer Gesellschaft erreicht werden und Frieden in einer Gesellschaft entstehen und dauerhaft bestehen kann.
Diesem Konzept liegt das sogenannte „Nested Paradigm" von Dugan zugrunde. Nach diesem Paradigma sind die zum Peacebuilding notwendigen sofortigen oder kurzfristigen Interventionen jeweils eingebettet in eine weiter gefasste Strategie, die wiederum ihrerseits ein Teil eines längerfristig angelegten Transformationsdesigns ist. Die Grundorientierung folgt dabei der Vision von der gewünschten Zukunft. Lederach plädiert mit diesem Konzept für einen analytischen Konflikttransformations-Ansatz. Der Konflikt steht nicht losgelöst für sich, er ist Teil eines größeren Systems,

in dem Subsysteme und Beziehungen ineinander verwoben sind. Projekte und Aktivitäten, die zur Konflikttransformation initiiert werden, müssen die Beziehungen in diesen Systemen, Subsystemen und dem Gesamtsystem in ihre Analyse miteinbeziehen (vgl. Abbildung s.u.). Veränderungen können nur erreicht werden, wenn sie in diesen verschiedenen Ebenen ansetzen. Zusammenfassend formuliert Lederach wie folgt „[...] we need to take into consideration both the immediate, „micro-issues" in the conflict and the broader, more systematic concerns" (Lederach 1997: 55).

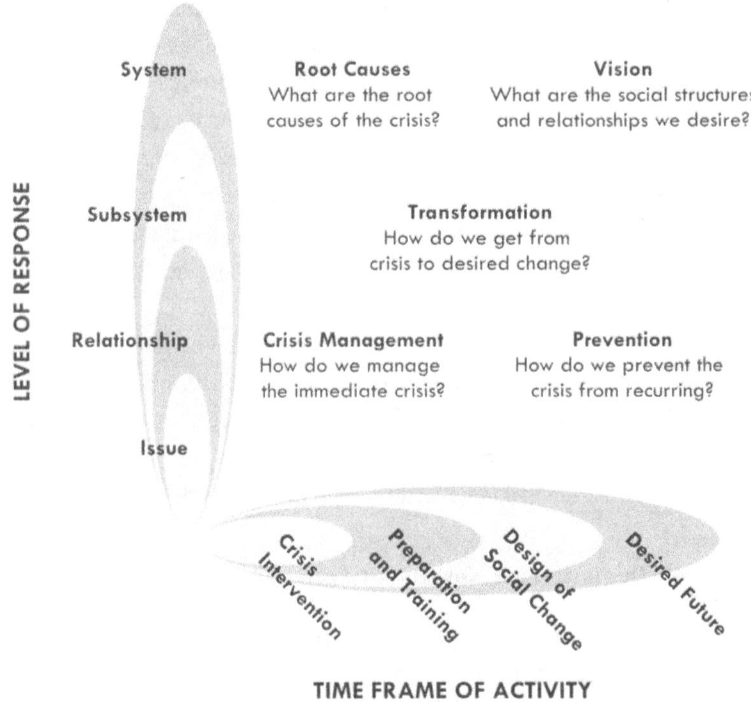

Abbildung 2: An Integrated Framework for Peacebuilding (Lederach 1997: 80)

Mit dem Akteursansatz und dem kurz dargestellten systemischen Ansatz weist Lederach darauf hin, dass „[...] an integrative, comprehensive analytical framework is not merely instructive but is imperative to meet the needs of peacebuilding today" (Lederach 1997: 60). Nach Lederach haben die Akteure auf der mittleren Ebene und Projekte/Aktivitäten, die die Subsysteme und Beziehungen in den Fokus nehmen, das größte Potenzial sowohl als Ressource praktischer und unmittelbarer Aktionen zu dienen als auch eine lang angelegte Transformation zu stützen (vgl. Lederach 1997: 60 f.).

2.2.1.4. Kreativität und Kunst im Friedensprozess

In dem zuletzt von Lederach erschienen Werk "The Moral Imagination", welches als eine Art Reflexion seiner und der Arbeit seiner Kollegen und weniger als eine Theorie zu verstehen ist, dient Lederach als Raum für Reflexionen über die Natur von Imaginationen, sozialen Veränderungen und gewaltdurchbrechenden Zyklen. In diesem Buch geht er folgender Frage nach: „Is building peace an art or a skill?". Lederach bedauert, dass im Prozess der Professionalisierung der ZKB, die Kunst des kreativen Prozesses der Konfliktbearbeitung verloren gegangen sei, sie sei überschattet worden von technischen Elementen. Im Peacebuildung-Prozess sollten wir uns der Frage stellen, wie wir es erreichen können, die technisch geschaffenen Voraussetzungen für einen Transformationsprozess mit Leben zu füllen. Die Kunst, der kreative Akt fülle die Arbeit mit Leben und sei Ausganspunkt für persönliches Wachstum und sozialen Wandel. Dabei komme der Ästhetik eine zentrale Bedeutung zu. Ästhetik verlange von „Peacebuildern" bestimmte (künstlerische) Fähigkeiten:

> „Be attentive to image. Listen for the core. Trust and follow intuition. Watch metaphor. Avoid clutter and busyness. See picture better. Find the elegant beauty where complexity meets simplicity. Imagine the canvans of social change" (Lederach 2005: 74).

Lederach will mit seinem Werk dazu beitragen, dass in diesem Kontext zur „Kunst" im Peacebuilding zurückgefunden wird. Er versteht „Kunst" als das, was menschliche Hände berühren, bilden und erschaffen und gleichwohl das, was uns in der Tiefe unseres Seins berührt. Er zieht einen Vergleich zwischen Prozessen in der Kunst und im Peacebuilding.

> „The artistic process has this dialectic nature: It arises from human experience and then shapes, gives expressions and meaning to that experience. Peacebuilding has this same artistic quality. It must experience, envision, and give birth to the web of relationships" (Lederach 2005: 34).

Lederach fordert Praktiker und Theoretiker in diesem Bereich dazu auf, Friedensprozesse mit Visionen anzureichern und die Arbeit als einen kreativen Akt zu verstehen.

> „We must envision our work as a creative act, more akin to the artistic endeavor than the technical process. [...] the wellspring lies in our moral imagination, which I will define as the capacity to imagine something rooted in the challenges of the real world yet capable of giving birth to that which does not yet exists" (Lederach 2005: ix).

Lederach formuliert als Problemaufriss seiner Arbeit die Frage, wie wir die Gewaltkreise transzendieren, die unsere menschliche Gemeinschaft „verhexen", während wir in ihr leben. Er sieht sein Werk als den Beginn einer Antwort darauf.
Die „moral imagination" verlange die Fähigkeit, uns als Teil eines Netzwerkes von Beziehungen zu verstehen, dass unsere Feinde miteinschließt. Sie verlange die Fähigkeit eine „paradoxe Neugier" aufrechtzuerhalten, einen grundlegenden Glauben an den kreativen Akt und die Akzeptanz des inhärenten Risikos, an etwas Unbekanntes zu geraten, das weit entfernt von der bekannten Gewaltlandschaft liege. Sich mit dieser „moral imagination" auseinanderzusetzen, sei nach Lederach eine Pflicht im Peacebuilding-Prozess. Bei dem Versuch, Gewalt zu transzendieren, würde das Potenzial der „moral imagination" häufig außer Acht gelassen. Es sei aber notwendig, die tieferliegenden Wurzeln von Konflikten zu erspüren und zu verstehen. Es sei wichtig, die Struktur und die vermeintliche Berechtigung von zerstörerischen Beziehungen zu kennen, um die zugrunde liegenden Muster durchbrechen zu können. Außerdem müsse der kreative Prozess erforscht werden und das Wagnis eingegangen werden, nicht vorgezeichnete und damit künstlerische Wege einzuschlagen, die die soziale Veränderung zum Ziel haben. Es müsse der Wille bestehen, ein Risiko einzugehen: „[...]peacebuilding requires a journey guided by the imagination of risk" (Lederach 2005: 39, vgl. Lederach 2005: 5).

2.2.2. Konflikt und Konflikttransformationsverständnis nach Galtung

Der Norweger Johan Galtung gilt als einer der Begründer der westlichen Friedens- und Konfliktforschung. Seine Begriffsverwendung, sein Konflikt- und Gewaltverständnis, seine Konzepte und Theorien prägen die Forschung, werden rezipiert, ergänzt und weiter gedacht. Mit seinem „Transcend Approach“ beschäftigen sich weltweit Praktiker und Theoretiker verschiedener Disziplinen.

2.2.2.1. Konfliktverständnis nach Galtung

Galtung beschreibt Konflikte als (...) „Inkompatibilität“ zwischen Zielsetzung und Wertvorstellungen von Akteuren in einem Gesellschaftssystem“ (Galtung 1975: 110).
Tief im Inneren eines Konfliktes bestehe ein Widerspruch etwas, das etwas anderem im Wege stehe. Der Widerspruch müsse ein gewünschtes Ziel in sich tragen (vgl. Galtung 2007: 133 f.).
Galtung unterscheidet zwischen intrapersonellen Konflikten, die sich im Inneren des einzelnen Menschen abspielen und interpersonellen Konflikten zwischen mindestens zwei Akteuren. Als Konfliktebenen unterteilt er in „Person“, „Gruppe“, „Nation“ und „Intraglobale Ebene“. Intrapersonale Konflikte könne man nach Galtung auch als Entscheidungsproblem bezeichnen. Ein Mensch hat einen Konflikt mit sich selbst, er hat mehrere Ziele/Werte und muss sich entscheiden, wie er (zu Gunsten/zum Nachteil welchen Zieles) damit umgeht. Interpersonale Konflikte beziehen sich auf Zielsetzungen verschiedener Akteure, die einander im Wege stehen, die nicht miteinander vereinbar sind oder deren Zielerreichung die anderen Akteure be- oder verhindern (vgl. Galtung 1975: 111).
Er entwickelte das so genannte „Konfliktdreieck“ und benennt die drei Seiten des Dreiecks als Widerspruch & Inhalt, Verhalten & Strategien sowie Annahmen & Einstellungen. Diese drei Elemente stellen die wesentlichen Eckpunkte eines Konfliktes dar. Galtung bezieht sein Konfliktverständnis auf lebende Systeme, denn nur Subjekte können ein Ziel oder Wunsch formulieren, was wiederum zentral für sein Konfliktverständnis ist. Erst unterschiedliche Wünsche begründen einen Widerspruch. Nur Subjekte können Emotionen mit einem Ziel verbinden. Er unterscheidet dabei zwischen manifesten und latenten Ebenen. Auf der einen Seite existiert die sichtbare, empirisch wahrnehmbare Verhaltensebene, daneben existieren unterbewusste Ebenen, welche Annahmen und Widersprüche enthalten.

Abbildung 3: Konfliktdreieck nach Galtung (modifiziert)

Der Konflikt könne von jeder Ecke des Dreiecks beginnen, eskalieren und auch konstruktiv bearbeitet werden. Zur Konfliktlösung bedarf es der Beseitigung der Inkompatibilitäten. Diese sollte gemeinsam von beiden Konfliktparteien angestrebt werden. Galtung benutzt für die Beschreibung der Inkompatibilität die Metapher des „sichtbaren Bandes", welches sie verbinde, da es in jeder Konfliktformation Interdependenzen zwischen den unterschiedlichen Akteuren gebe (vgl. Galtung 2007: 149).
Für Galtung gibt es keine „brauchbare Alternative" zu einer kreativen Konfliktlösung. Die Dialektik eines Konfliktes kann zu konstruktiven Verhalten wie zu „inneren Dialogen" oder „äußeren Dialogen" führen, aber auch zu destruktivem, zerstörerischem Verhalten. Dies dürfe nicht außer Acht gelassen werden (vgl. Galtung 2007: 134). „Innere" und „äußere" Dialoge können Unterbewusstes bewusst machen, zur besseren Eigen- und Fremdwahrnehmung beitragen und Wissensgenerierung und gegenseitiges Verständnis fördern. „Bewusstmachung" ist für Galtung ein grundlegender Prozess für die Konflikttransformation. Notwendige Grundvoraussetzung von Konflikttransformation sind bewusste Subjekte, die als Akteure zielgerichtet die Transformation steuern.
Galtung vertritt die These: „Je komplexer der Konflikt, desto mehr Möglichkeiten gewaltloser, kreativer Konflikttransformation bieten sich an" (Galtung 2007: 145). Außerdem geht er davon aus, dass die „Tiefenkultur" (d.h. die tiefenkulturellen Annahmen, deren Einfluss wir unbewusst ausgesetzt sind) nicht nur das tatsächliche

Verhalten in einem Konflikt, sondern auch die Konflikttransformation beeinflusse (vgl. Galtung 2007: 151).

2.2.2.2. Konflikttransformation nach Galtung

Auch Galtung wendet sich von einer Diplomatie im Sinne der Unterzeichnung eines diplomatischen Dokumentes, in dem die Konfliktlösung beschrieben wird, ab. Nachhaltige und tragfähige Konfliktlösung wurzle in einer neuen Konfliktformation; eine Formation, die für alle Akteure akzeptabel sei und die von ihnen getragen werde (vgl. Galtung 2007: 165). Viel wichtiger als eine Konfliktlösung und als eine stabile dauerhafte Formation sei dabei das Erlangen einer „Transformationskapazität", „d.h. der Fähigkeit mit den Transformationen so umzugehen, dass sie nachhaltig und akzeptabel sind" (Galtung 2007: 166). Es sei naiv, nach einer stabilen Lösung zu suchen, Konflikttransformation sei ein niemals endender Prozess, alte Widersprüche könnten wieder auftauchen, neue (unerwartete) entstehen (vgl. ebd.).
Konflikttransformationen bedürfen häufig viel Zeit und vieler „innerer" wie „äußerer Dialoge". Grundlegend sei aber der Wille bzw. der Wunsch zur Veränderung. „Sie [die Transformationen] müssen subjektiv erzwungen werden, das Subjekt ist und bleibt die *force motrice*" (Galtung 2007: 186). Die Prozesse der Bewusstmachung sind wesentlich und der Ausdruck, die Artikulation des Problems und des Zieles nötig. Sehr komplexe Konflikte könnten simplifiziert werden, um sie bearbeiten zu können, aber eine Polarisierung sollte dabei vermieden werden (vgl. Galtung 2007: 186).

2.2.2.3. Gewaltformen nach Galtung

Es soll folgend nur auf drei von Galtung beschriebenen Dimensionen von Gewalt, die der „personalen/direkten", „strukturellen/indirekten" und „kulturellen" Gewalt eingegangen werden, da diese für seine Auffassung von Konflikttransformation und für das im Hauptkapitel dargestellte Konfliktverständnis von Boal von Bedeutung sind.
Es wird zunächst Galtungs grundlegendes Gewaltverständnis vorgestellt, welches über die Annahme, dass Gewalt dann vorherrsche, wenn ein physischer Angriff auf Leib und Leben stattfindet, hinausgeht. Die komplexere Gewaltdefinition Galtungs lautet wie folgt:

„Gewalt liegt dann vor, wenn Menschen so beeinflusst werden, dass ihre aktuelle somatische und geistige Verwirklichung geringer ist als ihre potenzielle Verwirklichung“ (Galtung 1975: 57). „Mit anderen Worten, wenn das Potenzielle größer ist als das Aktuelle und das Aktuelle vermeidbar, dann liegt Gewalt vor“ (Galtung 1975: 58).

Die Gewaltform, bei der es einen Akteur gibt und Gewalt mit einer klaren Subjekt-Objekt-Beziehung auszumachen ist, in der die Aktion sichtbar ist, wird als personale oder direkte Gewalt bezeichnet.

Gewalt ohne diese klare Beziehungsstruktur, ohne Akteur ist strukturelle/indirekte Gewalt: „hier tritt niemand in Erscheinung, der einem direkt Schaden zufügen könnte; die Gewalt ist in das System eingebaut und äußert sich in ungleichen Machtverhältnissen und folglich in ungleichen Lebenschancen“ (Galtung 1975: 62). Die strukturelle Gewalt gründet sich häufig in der ungleichen Ressourcenverteilung und der ungleichen Entscheidungsgewalt bezüglich dieser. Durch die Gesellschaftsstruktur mit ungleicher Ressourcenverteilung bedingt, besteht eine Ungleichheit, dadurch, dass die Menschen, die über weniger Ressourcen besitzen auch über schlechtere Bildung und Gesundheit und weniger Macht verfügen.

Kulturelle Gewalt wird von Galtung als die Gesamtheit der Kultur bezeichnet, die dazu benutzt werden könnte, direkte oder strukturelle Gewalt zu rechtfertigen oder zu legitimieren (Galtung 2007: 341). Als Beispiele führt Galtung u.a. Religion, Sprache, Ideologie, Kunst und empirische bzw. formale Wissenschaft an, der sich die herrschenden Eliten bemächtigt haben. Galtung ist es wichtig, zwischen kultureller Gewalt, die sich auf einige gewaltfördernde Aspekte in der Kultur beschränkt und Gewaltkulturen, in denen diese Aspekte weitreichend alle kulturellen Bereiche dominieren, zu unterscheiden.

Bei der Gewaltanalyse gehe es um zwei Probleme: „die Anwendung von Gewalt und die Legitimation dieser Anwendung“ (Galtung 2007: 343).

Diese drei Gewalttypen lassen sich zueinander in Beziehung setzen, was sich wiederum im Gewaltdreieck grafisch widerspiegelt (siehe Abbildung 4). Die folgende Darstellung zeigt die Dimensionen „kulturelle Gewalt“ und „strukturelle Gewalt“ als Basis, aus der sich die Dreiecksspitze „direkte Gewalt“ nährt. Andere Anordnungen seien möglich und gäben neuen Interpretationsspielraum. Es gäbe Kausalzusammenhänge in alle Richtungen und jeder der Eckpunkte könne Ausgangspunkt für einen, alle drei Formen der Gewalt verbindenden, Zyklus sein (vgl. Galtung 2007: 350).

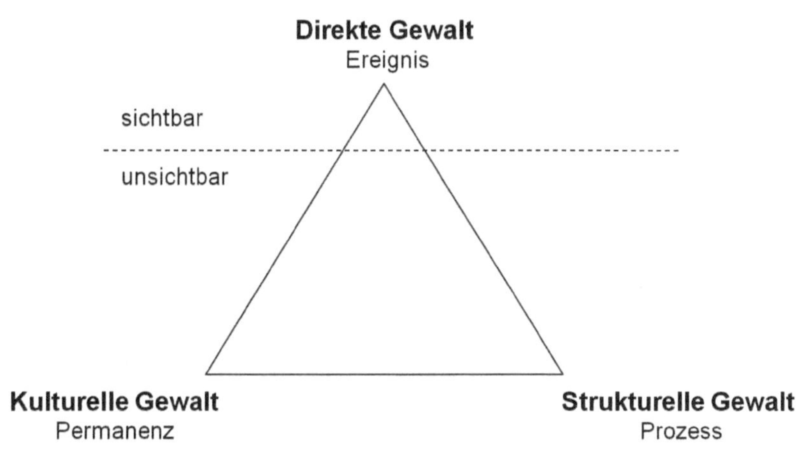

Abbildung 4: Gewaltdreieck nach Galtung (modifiziert)

2.2.2.4. Konfliktformen und ihre Transformation nach Galtung

Nach Galtung seien „direkte Konflikte" (Akteurskonflikte) und „indirekte (strukturelle) Konflikte" klar voneinander zu unterscheiden (vgl. Galtung 2007: 139).
In beiden Konflikten ist bezogen auf die drei Komponenten des Konfliktdreiecks das Verhalten immer sichtbar. Die Konflikttypen unterscheiden sich aber durch den Grad des Bewusstseins um die anderen beiden Gewaltendimensionen des Konfliktdreiecks.

Im Akteurskonflikt sind neben dem Verhalten, Annahmen sowie Widersprüche bewusst. Annahmen werden als Persönlichkeit der Akteure verstanden, die wiederum in Erkenntnisse, Willensstrebungen und Gefühle unterteilt werden. Bezüglich der Annahmen einer Persönlichkeit in Akteurskonflikten schreibt Galtung: „In einem Akteurskonflikt ist der Akteur ein Subjekt, dem bewusst ist, was *ist* (Erkenntnis), was er/sie *wünscht* (Wollen) und deshalb sein sollte, was er/sie *empfindet* (Gefühle), nämlich bezüglich des Verhältnisses zwischen ist und sollte" (Galtung 2007: 139). Neben diesen bewussten Elementen der Persönlichkeit bzw. den bewussten Annahmen der Akteure gebe es auch Elemente in den tieferen Schichten der Persönlichkeit, die nicht so leicht identifizierbar seien. Mit Hilfe von professioneller Hilfe könnten diese ins Bewusstsein befördert werden.

In Akteurskonflikten sei der Widerspruch bewusst. Der sich seiner Annahmen und somit seiner Persönlichkeit bewusste Akteur, kenne auch den Widerspruch und handle als bewusstes Subjekt, er verhalte sich nicht nur, er handle zielgerichtet (vgl. Galtung 2007: 140).

Bei strukturellen Konflikten sind die Annahmen sowie der Widerspruch im Unterbewusstsein verankert. „Es gibt nicht einmal das Bewusstsein eines Ziels, also kein Wollen und folglich auch keine zugänglichen Gefühle, da kein Bewusstsein einer Sein/Sollen-Übereinstimmung oder -Diskrepanz vorhanden ist“ (Galtung 2007: 142). Nach Galtung zeigen sich an der Oberfläche aber Verhaltensmuster, die als „Symptome“ benannt werden können, die also auf die Existenz von Annahmen und Widersprüchen in den tieferen Schichten der Persönlichkeit deuten lassen. Um die Bewusstmachung dessen zu erreichen, bedürfe es einer professionellen Intervention. In Bezug auf die Transformation von Akteurskonflikten konstatiert Galtung:

> „Im Übrigen besteht die wichtigste Aufgabe beim Versuch, einen Konflikt zwischen Parteien zu transformieren, nicht allein darin, für deren Beziehung eine neue Architektur zu finden, sondern zugleich darin, den Parteien zu helfen, sich selbst zu transformieren, damit sich Konflikte nicht ständig reproduzieren“ (Galtung 2007: 12).

Die innerparteilichen Aspekte müssten bei Akteurskonflikten mitbedacht, miteinbezogen, kulturelle Annahmen „entmystifiziert“ und benannt sowie tiefenkulturelle Annahmen bewusst gemacht werden.
Strukturelle Konflikte sind Konflikte, in denen strukturelle Gewalt ausgeübt wird und eine repressive/ausbeuterische Struktur vorherrscht. Durch Bewusstmachung und Mobilisierung (Transformation von Interessen in bewusst vertretene Werte und nicht-organisierte Parteien in Konfliktparteien/Akteure) könnten strukturelle Konflikte transformiert werden, ohne jedoch die gewalttätige Struktur vollkommen zu überwinden.
Die „oben Stehenden“ verhinderen die Bewusstseinsbildung und Bewusstmachung durch „Penetrierung, von oben erfolgende Konditionierung des Denkens; Segmentierung, wodurch die unten Stehenden die Realität nur begrenzt wahrnehmen kön-

nen“. Außerdem verhinderen sie die Mobilisierung, den Zusammenschluss der „unten Stehenden“ durch „Fragmentierung, Auseinanderbringen der unten Stehenden; Marginalisierung, ihre Trennung vom Rest der Bevölkerung“ (Galtung 2007: 172f). Nach Galtung könne diese strukturelle Gewalt nur durch folgende vier Schritte überwunden werden:

Konfrontation: Konkretisierung des allgemeinen Konfliktes in ein Problem; klare Formulierung des Problems und des gewünschten Erlebnisses

Kampf: Gewaltfreier Kampf zur Überwindung von Repression und/oder Ausbeutung nicht mit dem Ziel der Umkehrung der Verhältnisse

Entkopplung: Verstanden als Ermächtigung; dem Entziehen von Macht und Versagen der Unterwürfigkeit der „unten Stehenden“, um Autonomie zu entwickeln und um den „oben Stehenden“ ihre Abhängigkeit von den „unten Stehenden“ zu demonstrieren (kurzfristig)

Wiederankopplung: Langfristig von unten neue, weniger gewalthaltige, aber horizontale Strukturen aufzubauen,...

„[...] in der Menschenrechte an die Stelle von Repression, Gleichheit an die Stelle der Ausbeutung, Autonomie an die Stelle von Penetration, Integration an die Stelle der Segmentierung, Solidarität an Stelle der Fragmentierung, Partizipation an die Stelle von Marginalisierung tritt“ (Galtung 2007: 174).

2.2.2.5. Das Transcend-Verfahren nach Galtung

„In den letzten 15 Jahren hat Galtung vor dem Hintergrund einer spezifischen Gewalt- und Friedenstheorie und seiner globalen Erfahrung ein Verfahren für Konflikttransformation, Friedensaufbau und Versöhnung entwickelt, das versucht die Grenzen und Defizite von Mainstream-Verfahren ziviler Konfliktbearbeitung wie Konfliktmanagement, Konfliktlösung, Verhandlung und Mediation zu überwinden“ (Graf in ZPS, Heft 2, 2006: 199).

Um den von Galtung begründeten Ansatz haben sich eine weltweit agierende Organisation und das Transcend-Netzwerk im deutschsprachigen Raum entwickelt, die

sich praktisch wie theoretisch mit dem Ansatz beschäftigen und das Verfahren weiterentwickeln.
Das Transcend-Verfahren ist ein praktisch ausgerichtetes Verfahren, welches eine „umfassende theoretisch fundierte Konfliktanalyse mit einer praxiserprobten Systematik von Methoden der Konfliktbearbeitung" verbindet:

> „Transcend bedeutet insbesondere, das tiefenkulturelle Gewaltpotenzial von Konflikten aufzudecken. Ziel ist es, das destruktive Stadium eines Konfliktes zu überschreiten, indem die Konfliktparteien beginnen, sich ihres kollektiven Unterbewussten und dessen Auswirkungen auf den Konflikt bewusst zu werden" (TRANSCEND-Network 2011).

Ziel des Verfahrens ist nicht nur der Abbau der verschiedenen oben beschriebenen Gewaltformen, sondern der Aufbau einer Kultur von Gewaltfreiheit, Empathie und Kreativität, von „direktem, strukturellem Frieden" (Graf 2006: 200). Galtung geht davon aus, dass gewaltfreie Konfliktinterventionen ab einer gewissen Eskalationsstufe von Konflikten notwendig seien. So genannte externe „Transcend-KonfliktbearbeiterInnen" erarbeiten grundsätzlich gemeinsam eine kreative Konfliktlösung. Sie beginnen ihre Arbeit mit der an der Konfliktlösung interessierten Konfliktpartei. „In asymmetrischen Konfliktkonstellationen ist in der Regel erst ein „Empowerment" der schwächeren Konfliktpartei notwendig" (Graf o.J.: 3).
Strukturelle und kulturelle Gewalt, die sich beispielsweise in sozio-ökonomischer Ungleichheit, politischer Diskriminierung und kultureller Prägung sozialer Kollektive ausdrückt und von Galtung als Ursache für Konflikte angesehen wird, wird in diesem Verfahren besonders berücksichtigt. Die Aufhebung direkter Gewalt kann nicht zu dauerhaftem Frieden führen. Das Transcend-Verfahren ersucht eine nachhaltige Lösung, die die verschiedenen Gewaltformen und Komponenten des Konfliktdreiecks in den Blick nimmt. Es geht um die kreative Überwindung der, dem Konflikt inne wohnenden, Widersprüche und der Inkompatibilität der Ziele. Grundvoraussetzung dieser angestrebten Transzendenz sei die Identifikation der unbewussten Muster, die die Gewaltspirale nährten durch zumindest eine Konfliktpartei (vgl. Graf 2006: 200). Um eine nachhaltige Lösungsperspektive zu erarbeiten, sei es wichtig, die legitimen Ziele aller Konfliktparteien zu berücksichtigen. Legitime Ziele sind Ziele, die die Erfüllung der menschlichen Grundbedürfnisse, nach Galtung „Überleben", „Wohlbefinden", „Identität" und „Freiheit", anstreben. Im Dialogprozess mit

jeder Konfliktpartei könnten die Ziele der Konfliktpartei im Lichte der Grundbedürfnisse besser verstanden und neu formuliert werden (ebd.: 201).
Bei der Umsetzung des Transcend-Verfahrens sind idealtypisch vier Ebenen zu berücksichtigen und zu bearbeiten: erstens die bewusst verfolgten, aber nicht notwendig sichtbaren Strategien der Konfliktparteien; zweitens die sozialpsychologische Ebene der Beziehung der Parteien; drittens das individuelle Vor- und Unterbewusste; und viertens das kollektive Vor- und Unbewusste, das je nach Zugehörigkeit zu Kulturkreisen übereinstimme oder divergiere (vgl. Graf 2006: 200 f.).

2.2.3. Ansprüche an das Theater der Unterdrückten als Methode der zivilen Konfliktbearbeitung

Aus den Grundannahmen der zivilen Konfliktbearbeitung, den Ansätzen und Modellen Lederachs und Galtungs ergeben sich folgende Ansprüche an das Theater der Unterdrückten als Methode der zivilen Konfliktbearbeitung mit konflikttransformativer Wirkkraft.

Das Theater der Unterdrückten sollte:

- ein multidimensionaler Ansatz sein
- dem Grundprinzip der Gewaltfreiheit folgen, eine gewaltlindernde/-verhindernde Wirkung haben
- auf ein positives Konfliktverständnis aufbauen
- die Transformation von Konflikten anstreben und auf die konstruktive und kreative Bearbeitung dieser abzielen; kreatives Arbeiten sollte zentraler Bestandteil sein
- den einzelnen Menschen als wünschendes und handelndes Subjekt in dem Prozess berücksichtigen
- die dem Konflikt zugrunde liegenden Denkmuster, Verhaltensweisen und Strukturen bewusst machen und verändern
- gerechtere und demokratische Strukturen, Partizipation und Empowerment fördern
- auf verschiedenen Ebenen Transformationen erreichen (intrapersonal, interpersonell, kulturell, gesamtgesellschaftliche Ebene) und seine Wirkungskraft sollte in verschiedene Ebenen hineinreichen

- Bewusstwerdungsprozesse unter Berücksichtigung verschiedener Bewusstseinsebenen fördern
- die Zeitdimension ‚Vergangenheit' berücksichtigen und eine Vision für die Zukunft entwickeln
- Beziehungsarbeit leisten
- ggf. zunächst die "schwächere" Konfliktpartei empowern
- versöhnungsleitend sein
- eine für alle Parteien akzeptierte Lösung erarbeiten
- die Nachhaltigkeit von Interventionen gewährleisten

III. METHODE

Mittels qualitativer Sozialforschung soll ausgehend von dem theoretischen Wissen über Methoden ziviler Konfliktbearbeitung und konflikttransformativer Ansätze/Modelle in der Friedens- und Konfliktforschung das Theater der Unterdrückten hinsichtlich seiner konflikttransformativen Wirksamkeit geprüft werden.
Ich entschied mich für einen qualitativen Forschungsansatz, der es mir ermöglichte, mich dem Forschungsgegenstand in Form von Dokumentenanalysen, teilstandardisierten Experteninterviews und Beobachtungen relativ offen zu nähern (vgl. Gläser/Laudel 2010: 24 ff.).
Um das angestrebte Forschungsziel zu erreichen, analysierte ich zum einen Primärtexte, Sekundärliteratur, Berichte, Artikel und andere Dokumente, begleitete ich die (praktische) Arbeit mit Gruppen des CTO und sammelte praktische Erfahrungen durch die Teilnahme an Workshops. Die Beobachtungen wurden in einem Feldtagebuch festgehalten und ausgewertet. Zum anderen wurden Gespräche mit Gruppenteilnehmern und teilstandardisierte Experteninterviews am CTO in Rio de Janeiro, Brasilien geführt. Als Experten befragte ich mit Hilfe von teilstandardisierten Interviews die am CTO beschäftigten Mitarbeiter, die von dem Begründer der Methode Augusto Boal „ausgebildet" wurden, mit ihm zusammen arbeiteten und heute die Methoden theoretisch wie praktisch anwenden, weiterentwickeln und verbreiten (siehe Unterkapitel 3.2.2).
Da ich als Forscherin selbst über praktische Erfahrungen dieser Theatermethode verfüge und mich im Rahmen des Studiums der Friedens- und Konfliktforschung mit Methoden der zivilen Konfliktbearbeitung auseinander gesetzt habe, konnte ich aus dem Vorwissen über das Theater der Unterdrückten und dem theoretischen Wissen über konflikttransformative Ansätze die zentrale Fragestellung nach der konflikttransformativen Wirksamkeit der Methoden Boals herausarbeiten.
Ich entwickelte zentrale und übergreifende Kategorien, aus denen ich Fragen generieren konnte, welche ich im Laufe der Interviews verifizierte, revidierte und erweiterte. So verdichteten sich meine Fragen und damit die Informationen mit jedem Interview. Es konnten Zusammenhänge hergestellt und sich neu ergebene Fragen ergänzt werden. Ein weiterer Grund für die Wahl der Methode des teilstandardisierten Interviews ist die Offenheit dieser Befragungsform gegenüber dem Interviewten. Es

wird Raum gegeben, um auch für ihn (subjektiv) relevante Aspekte zum Forschungsgegenstand zu nennen und eigene Erfahrungen aus der Praxis zu reflektieren. Durch dieses Vorgehen konnte ein komplexes Themenfeld aus verschiedenen Perspektiven erschlossen werden (vgl. Flick/Kardorff/Steinke 2009: 448 ff.).

3.1. Zielsetzung und Fragestellung

Das Ziel meiner Arbeit ist es, das Theater der Unterdrückten als kreative Methode der zivilen Konfliktbearbeitung vorzustellen und hinsichtlich seiner konflikttransformativen Wirksamkeit zu analysieren.

Mittels Experteninterviews werden verschiedene Methoden Augusto Boals bezüglich ihrer konflikttransformativen Wirksamkeit untersucht und das konflikttransformative Verständnis mit dem der Friedensforscher John Paul Lederachs und Johan Galtungs abgeglichen.

Meine Studie basiert im Wesentlichen auf der Arbeit des „Centro do Teatro do Oprimido“ (CTO), dem Zentrum des Theaters der Unterdrückten, welches auf Einladung des damaligen Staatssekretärs für Erziehung des Bundesstaates Rio de Janeiro, Darcy Ribeiro, 1986 von Augusto Boal gegründet wurde. Das Zentrum, welches bis zum Tod von Boal (2009) unter dessen künstlerischer Leitung geführt wurde, verwandelte sich 1996 institutionell zu einer Nichtregierungsorganisation (NRO), die sich zum Ziel setzt, die Methoden zu vertiefen, zu erforschen, zu erproben, weiterzuentwickeln und zu verbreiten.

Mit meiner Studie wird der folgenden Fragestellung nachgegangen: Inwieweit kann das TdU als Methode der zivilen Konfliktbearbeitung, in Abgleich mit den grundlegenden Annahmen Lederachs und Galtungs, konflikttransformativ wirken? Können durch das Theater der Unterdrückten Konflikte transformiert werden? Welche Konflikte können im Sinne der zivilen Konfliktbearbeitung mit welchen Methoden und Techniken auf welchen Ebenen transformiert werden?

Meine Forschung folgt der Annahme, dass sich das partizipative, dialogische Theater Augusto Boals als eine Methode der zivilen Konfliktbearbeitung bewährt hat und die einzelnen Techniken konflikttransformativen Charakter besitzen. Diese Vermutung resultierte aus der theoretischen wie praktischen Auseinandersetzung mit dem Thema, u. a. im Rahmen eines universitären Seminars Dominik Werners mit dem Titel „Die Kunst der Konflikttransformation - das dialogische Theater der Unter-

drückten als Methode der zivilen Konfliktbearbeitung zwischen Ästhetik und Politik". In dem Seminar wurde versucht, interdisziplinäre Verknüpfungen zwischen dialogisch-pädagogischen Ansätzen und Ansätzen der Friedens- und Konfliktforschung herzustellen.
Die empirische Forschung ermöglichte mir einen tiefergehenden Einblick in die Komplexität der Methode, das Verständnis bestimmter Konzepte des CTO und ihrer praktisch-methodischen Anwendung.
Während eines zweimonatigen Forschungsaufenthalts (04.04.- 03.06.2011) begleitete ich die Arbeit der von Boal ausgebildeten Spezialisten. Die auf brasilianisch so genannten „Curinga" (im Englischen und Deutschen „Joker") arbeiten in verschiedenen sozialen Kontexten mit der Methode des TdU. Ich konnte die Arbeit mit verschiedenen Theater-Gruppen (u.a. in einer Psychiatrie, einer Forensik, mit Hausangestellten) in unterschiedlichen Phasen und Gruppenprozessen kennenlernen und durch Gespräche mit den Teilnehmern der Gruppen auch ihre Einschätzung der Wirkungskraft des Theaters erfahren. Durch meine Beobachtungen, informelle Gespräche und Interviews sowie die Teilnahme an Workshops und Fortbildungsangeboten des CTO gewann ich einen tiefen Einblick in die praktische Umsetzung der Methoden. Außerdem lernte ich das Verständnis, den Anspruch des CTO und die Weiterentwicklung der Konzepte durch die Mitarbeiter des CTO kennen. So setzte ich mich mit bestimmten Methoden theoretisch wie praktisch intensiv auseinander.

3.2. Qualitative Sozialforschung

3.2.1. Interviewleitfaden

Grundlage für die Entwicklung eines vorläufigen Interviewleitfadens mit offenen Fragestellungen waren konflikttransformative Ansätze in der zivilen Konfliktbearbeitung. Ich beschäftigte mich schwerpunktmäßig mit den Grundannahmen und Konzepten der Friedensforscher John Paul Lederach und Johan Galtung, da beide sehr praxisnahe ganzheitliche integrative Ansätze zur Konflikttransformation entwickelt haben, die Parallelen zu dem Methodenspektrum des Theaters der Unterdrückten aufweisen. Ich setzte mich mit ihrem Konfliktverständnis, ihren kreativen, konflikttransformativen Ansätzen der zivilen Konfliktbearbeitung auseinander und generierte daraus sowie auf der Basis meines Vorwissens über das TdU meine Interviewfragen.

Nach den ersten Interviews wurde der Kategorien- und Fragenkatalog fortlaufend um einige von den Experten „neu“ aufgeworfene Themen und Aspekte erweitert.

Die folgenden Kategorien wurden im Forschungsverlauf überprüft und weiterentwickelt:

- Biografische Angaben des Interviewten (Name, Alter, Berufsausbildung, Dauer der Arbeit am CTO)
- Ziel des Theaters der Unterdrückten
- Konfliktdefinition im Theater der Unterdrückten
- Konflikttransformationsverständnis im TdU
- Konfliktanalyse: Mit welchen Methoden/Techniken, Ursachen, unsichtbaren und tieferliegenden Gründe, Strategien, Beziehungen, kann das kollektive Unterbewusste beider Konfliktparteien identifiziert und analysiert werden? (Lederach)
- Konfliktbearbeitung von intrapersonalen, interpersonellen, sozialen und strukturellen Konflikten mit unterschiedlichen Techniken: Mit welchen Techniken des TdU können Konflikte auf welcher Ebene bearbeitet und transformiert werden? (Lederach)
- Die Funktion des Ästhetischen Raumes
- Integration der Konfliktkomponenten („Inhalt & Widerspruch“ – „Verhalten“- „Annahmen & Einstellungen“), die Johan Galtung in seinem Konfliktdreieck beschreibt im TdU, Transformation dieser
- Parteilichkeit im TdU
- Dialog im TdU
- Bezugnahme, Visualisierung, Bearbeitung verschiedener Gewaltformen (nach Galtung „direkter“, „struktureller“ und „kultureller“ Gewalt) durch das TdU
- Die Ästhetik der Unterdrückten
- Die Funktion und Aufgabe des „Curinga“ (des Konflikt-Facilitators) im TdU
- Integration verschiedener Zeitdimensionen im TdU
- Versöhnung im TdU
- Grundvoraussetzungen für die Anwendung des TdU
- Chancen und Grenzen des TdU

3.2.2. Sample

Bei meinen Interviewpartnern handelt es sich nicht um sogenannte „Angehörige bestimmter Eliten“, die aufgrund ihrer (beruflichen) Position über besonderes Wissen verfügen, sondern um Experten, die nicht in „herausgehobenen Positionen“ arbeiten, aber aufgrund der intensiven Auseinandersetzung mit einer Thematik und ihren langjährigen Erfahrung in diesem Bereich zu Experten geworden sind (vgl. Gläser/Laudel 2010: 11). Ich beziehe mich in meiner Arbeit auf das Expertenverständnis von Gläser und Laudel, die den Begriff wie folgt verstehen:

> „Experte beschreibt die spezifische Rolle des Interviewpartners als Quelle von Spezialwissen über die zu erforschenden sozialen Sachverhalte. Experteninterviews sind eine Methode, dieses Wissen zu erschließen“ (Gläser/Laudel 2010: 12).

So interviewte ich während meines Forschungsaufenthaltes am CTO acht Mitarbeiter, die aus verschiedenen Fachrichtungen, u.a. der Biologie, den Sozialwissenschaften und der Pädagogik kommen und sich seit Jahren oder bereits Jahrzehnten theoretisch wie praktisch mit den Methoden des TdU auseinandersetzen. Sie sammelten Erfahrungen in der Konfliktbearbeitung unterschiedlichster Konflikte in verschiedenen Kontexten. Die Experten des TdU haben zur Klärung meiner Forschungsfrage beigetragen, indem ich durch die Beobachtung ihrer Arbeit und die Interviews Zugang zu ihrem „besonderen Wissen“ und den Menschen, mit denen sie arbeiten, bekam (vgl. Gläser/Laudel 2010: 11).

Alle Experteninterviews wurden im Zentrum des Theaters der Unterdrückten in Rio de Janeiro geführt. Sie wurden auf Portugiesisch, der Muttersprache der Experten geführt und dauerten zwischen 40 Minuten und drei Stunden. Alle Interviews wurden digital aufgezeichnet und durch Notizen im Verlauf des Gesprächs und im Anschluss ergänzt. So entstanden Gesprächsprotokolle über die Interviews, in denen Anmerkungen und Beobachtungen vermerkt wurden.

3.2.3. Auswertung und Transkription

Die Auswertung der erhobenen Daten begann nicht nach Abschluss der Feldforschung, sondern ist vielmehr als ein parallel zu den Interviews verlaufender Prozess zu verstehen.

Grundlage der Auswertung sind die Interview-Transkripte, auf die zunächst eingegangen werden soll.
Auf die Durchführung der Interviews erfolgte die Transkription, um die Dichte der Informationen und Komplexität der Aussagen festzuhalten. Die Transkripte dienen vor allem der Analyse und Auswertung der Interviews.
Es ist wichtig, kurz auf meine Sprachfähigkeit als Interviewerin einzugehen. Ich spreche fließend brasilianisches Portugiesisch und habe mir im Vorfeld Fach- und themenspezifisches Vokabular für die Forschung angeeignet. Es können Fehler in Satzbau, Rechtschreibung und Grammatik auftauchen, die zum Teil von den Antworten übernommen wurden oder aus fehlender Kenntnis von mir durch die Transkription entstanden sind. Da es für mein Untersuchungsziel weniger bedeutend war, wie die Interviewten etwas gesagt haben, wurden Pausen, Lachen, Stottern, paraverbale Äußerungen nicht festgehalten (vgl. Gläser/Laudel 2010: 193). Sehr ausführlich dargestellte Beispiele wurden in der Transkription in Klammern zusammengefasst dargestellt. Unverständliche Aussagen wurden auf Nachfrage auf die wichtigsten Aussagen, die sich auf die Frage beziehen, reduziert. In dieser Arbeit wird sich auf die Transkripte als Quelle mit dem Nachnamen des Interviewpartners, der Jahreszahl, in dem das Interview geführt wurde und der Zeilennummer des entsprechenden Transkriptes bezogen.
Bezüglich der Sprache möchte ich anmerken, dass es für einige portugiesische Begriffe keine exakten Entsprechungen im Deutschen gibt. Andersherum können, auch wenn wörtliche Übersetzungen existieren, diese inhaltlich bzw. in der Bedeutung in sehr feinen Nuancen differieren.
Die Auseinandersetzung mit den bereits erhobenen Daten erfolgte während der Überarbeitung des Leitfadens. Als zentrale Aspekte identifizierte Aussagen wurden als Unterkategorien oder Fragen in den Leitfaden aufgenommen und in den weiteren geführten Interviews überprüft, missverständliche oder zu sehr eingrenzende Fragestellungen überarbeitet.
In diesem sich gegenseitig beeinflussenden Prozess kristallisierten sich die Kategorien des Leitfadens zunehmend als Auswertungskategorien der erhobenen Daten heraus. Beim wiederholten Anhören der Interviews wurden Kategorien herausgebildet und Aussagen auf Fragestellung dieser Kategorie hin klassifiziert und in Bezug auf die Forschungsfrage hin analysiert. Dabei wurden die Daten verdichtet, miteinander verglichen, systematisiert und letztlich verschlüsselt, um daraus Zusammenhänge und Ergebnisse zu abstrahieren und abzuleiten. Die Aussagen und Erklärungen der

Experten sind zentrale Quelle des Hauptkapitels dieser Arbeit und werden als solche verwendet und gekennzeichnet. Außer dem Namen des Experten wird die Jahreszahl und der Zeilennachweis für die Quelle in der Transkription des Gespräches angeführt (vgl. Flick/ Kardorff/ Steinke 2009: 447; Silverman 2006: 341 ff.).

3.2.4. Besonderheiten und Hinweise

Ich möchte an dieser Stelle kurz auf meine Rolle als Forscherin in diesem Feld eingehen und die Interviewsituation reflektieren.
Die Wahl eines interviewbasierten, qualitativen Forschungsdesigns enthalte immer die Gefahr eines Untersucher- bzw. Interviewer-Bias durch ein gewisses Maß an Subjektivität in Befragungen, was sich auf die Validität der Auswertungen auswirken kann (vgl. Bogdan/Biklen 1982). Um diesen Effekt zu minimieren, wurden die Interviews anhand teilstandardisierter Fragebögen geführt und während der Gespräche aufgezeichnet. Die Transkriptionen sind dem Anhang der Studie zu entnehmen. Eine weitere mögliche Limitation in Bezug auf die Datenvalidität entsteht durch die Tatsache, dass ich als Interviewerin eine grundsätzlich wohlwollende Einstellung gegenüber der Theatermethoden Boals habe, u.a. bedingt durch positive Erfahrungen in meiner eigenen Biographie mit eben diesen.
Die Perspektive aus der Friedens- und Konfliktforschung und der Blick der zivilen Konfliktbearbeitung auf das Theater der Unterdrückten waren den Befragten größtenteils neu. Keinem der Interviewten waren die konflikttransformativen Grundannahmen Lederachs oder Galtungs bekannt. Bei einigen Interviewten war sehr großes Interesse an den Konzepten festzustellen. Sie empfanden die Gespräche als eine Bereicherung und Anstoß zur Reflektion der Methode und ihrer Umsetzung. Außerdem stellten einige der Befragten fest, wie selbstverständlich sie einige Begriffe in der Arbeitssprache verwenden, ohne sie genauer definiert zu haben, ohne tiefere theoretische oder konzeptionelle Reflexion.

IV. DAS THEATER DER UNTERDRÜCKEN ALS KREATIVE METHODE DER ZIVILEN KONFLIKTBEARBEITUNG

Ziel dieses Kapitels ist es, das konflikttransformative Potenzial des Theaters des Unterdrückten zu ergründen. Zu diesem Zweck wird zunächst kurz der Entstehungskontext skizziert, der Gründer der Theatermethode vorgestellt und die Entwicklung des TdU historisch eingeordnet. In einem zweiten Schritt sollen Grundannahmen und Ziele des TdU aufgezeigt werden und ein Überblick über das von Augusto Boal entwickelte Methodenspektrum gegeben werden. Diese Teile stützen sich vor allem auf Primär- und Sekundärliteratur und dienen der Gesamteinordnung und dem Grundverständnis des Theaters der Unterdrückten. So werden die Grundannahmen und einzelnen Methoden nicht in aller Ausführlichkeit und Tiefe vorgestellt.
Dieses Kapitel nimmt sukzessive die konflikttransformative Wirksamkeit des TdU in den Fokus. Mit Hilfe von Interviews mit den acht am Zentrum des Theater der Unterdrückten tätigen Curingas werden ausgewählte Konzepte, Methoden und Techniken am Beispiel des sogenannten Forumtheaters im Hinblick auf ihre Konflikttransformative Wirksamkeit beleuchtet.

4.1. Konzept und Entstehungskontext des Theaters der Unterdrückten

4.1.1. Das Theater der Unterdrückten

> „Theater der Unterdrückten heißt Auseinandersetzung mit einer konkreten Situation, es ist Probe, Analyse und Suche“ (Boal 1989: 68).

Das TdU ist ein dialogisches, partizipatorisches, politisches Theater, welches mit realen Konflikten - in der Sprache Boals mit realen Problemsituationen von Unterdrückung - der Teilnehmer arbeitet und eine soziale Transformation anstrebt. „Das Theater der Unterdrückten muß ein Handlungsmodell für die Zukunft entwerfen, daher muß es immer von einem konkretem Anlaß ausgehen“ (Boal 1989: 69). Grundlage der Stücke sind reale Themen, konkret erlebte Ereignisse der Vergangenheit, die noch ungelöst in der Gegenwart sind und deren Veränderung in der Gegenwart für die Umsetzung in der Zukunft geprobt wird. „Sein ursprünglich politisch motiviertes

Konzept umfasst [...] Techniken, die von der politischen Aktionsmethode bis zum therapeutischen Verfahren reichen“ (Neuroth 1994: 34).
Boals Grundverständnis und damit auch seine Sprache sind geprägt durch ein marxistisches Klassendenken. Boal will die gesellschaftlichen Trennlinien, die auch im Theater bestehen, aufheben. Die Barrieren, die durch „dominante Klassen“ (Boal 2005: 11) geschaffen wurden, sollen durchbrochen werden.
Boal strebt eine Veränderung der Gesellschaft an, die von den Unterdrückten ausgeht. Theater ist in seinem Verständnis eine „Waffe der Befreiung“ (Boal 2005: 9) aus ungerechten Sozialstrukturen. Zentral ist in Boals Methoden die Bedeutung des Dialogs. Er strebt einen Dialog zwischen Bühne und Zuschauerraum, Schauspieler und Zuschauer an. Er hebt die Grenze zwischen ihnen auf und entwickelt den „espectador“ (Zu-Schauspieler), eine Wortschöpfung aus den Begriffen Zuschauer und Schauspieler. Der Zuschauer kann aktiv in das Geschehen eingreifen. Der Zuschauer wird zum Schauspieler und anders herum. Die Bühne dient dabei der Probe für die Wirklichkeit, auf der alle „Protagonisten“ bei der Probe für die soziale Veränderung in der Realität sind.

> „Als erstes wird die Grenze zwischen Schauspieler und Zuschauer zerstört: Alle sollen darstellen, alle sollen zu Hauptakteuren (Protagonisten) für die notwendigen Transformationen der Gesellschaft werden“[8] (Boal 2009: 12).

Nach Boal kann: „Jeder [...] Theater spielen - sogar die Schauspieler. Überall kann Theater stattfinden - sogar im Theater” (Boal 1989: 69). Boal will jegliche Art von Subjekt- und Objekt-Beziehung aufheben. Er möchte, dass alle Menschen Protagonisten, aktive handelnde Akteure auf der Bühne wie in der Wirklichkeit werden. Nach Boal ist die Essenz des Theaters: „der Mensch, der sich selbst betrachtet. Der Mensch 'macht' nicht nur Theater, er 'ist' auch gleichzeitig Theater. Und neben der Tatsache, dass alle Menschen Theater 'sind', machen einige von ihnen zusätzlich noch Theater auf der Bühne“ (Boal 2006: 28).

---

[8] Originalzitat: “Primeiro se destrói a barreira entre atores e espectadores: todos devem representar, todos devem protagonizar as necessárias tranformaçoes da sociedade” (Boal 2005: 12).

> „Das Theater der Unterdrückten geht von zwei Grundsätzen aus: Der Zuschauer, passives Wesen, Objekt, soll zum Protagonisten der Handlung, zum Subjekt werden. Das Theater soll sich nicht nur mit der Vergangenheit beschäftigen, sondern ebenso mit der Zukunft. Schluß mit dem Theater, das die Realität nur interpretiert; es ist an der Zeit, sie zu verändern" (Boal 1989: 68).

4.1.2. Entstehungskontext des Theaters der Unterdrückten, Namensgebung und Parteilichkeit

Boals Name, die Entwicklung dieser Theatermethoden und das TdU sind in seinem Entstehungskontext zu verstehen. Die historischen und politischen Bedingungen der real durch den Begründer Augusto Boal erlebten Militärdiktaturen in Brasilien (und später im Exil in Argentinien) sind Grundlage für die Entwicklung des TdU. Die Methodenentwicklung ist in besonderer Weise mit dem Leben des brasilianischen Regisseurs, Pädagogen, Politikers und Autors verbunden, der die bestehenden „unterdrückenden" asymmetrischen Machtverhältnisse aufheben und die soziale Wirklichkeit verändern wollte.

> „Das Theater der Unterdrückten und seine Formen [...] entstanden als Antwort auf die Repressionen in Lateinamerika, wo täglich Menschen auf offener Straße niedergeknüppelt werden, wo die Organisationen der Arbeiter, Bauern, Studenten und Künstler systematisch zerschlagen, ihre Leiter verhaftet, gefoltert, ermordet oder ins Exil gezwungen werden" (Boal 1989: 67).

In diesem Zitat beschreibt Boal die reale Situation der Unterdrückung in Lateinamerika und die für ihn selbst reale Erfahrung, als Leiter des „Teatro Arenas" in São Paulo 1971 verhaftet worden zu sein.
Der Name „Theater der Unterdrückten" hat sich auf Vorschlag eines Buchhändlers, der diesen dem Buchtitel „Poéticas Politicas" (politische Poesie) vorzog, durchgesetzt. Boal erklärt später, dass er sich in Anlehnung und Andenken an die „Pädagogik der Unterdrückten" von Paulo Freire mit diesem Begriff angefreundet habe (vgl. Staffler 2009: 17). Der Begriff ist zu verstehen im Zeitgeist der Gegenbewegung Intellektueller gegen Repression und im Zeitgeist der Befreiungstheologie, einer politischen Widerstandsbewegung innerhalb der katholischen Kirche gegen die Militärdiktaturen, die sich in verschiedenen Ländern Lateinamerikas ausgebreitet hatten.

Für Boal hat der Begriff des „Theaters der Unterdrückten" auch im europäischen Exil nicht an Bedeutung verloren und er hält auch hier an ihm fest. Im Exil, wo die direkte und indirekte Gewalt, die von den Militärdiktaturen in Lateinamerika ausging, nicht unmittelbar vorherrschte, schreibt Boal das Buch „Theater der Unterdrückten, Übungen und Spiele für Schauspieler und Nicht-Schauspieler". Boal erklärt in diesem Werk, dass, auch wenn es Unterdrückung in dieser Form nicht (mehr) gibt, dies nicht hieße, dass es nicht auch in Europa Unterdrücker und Unterdrückte gäbe. Wer sage, dass es in Europa keine Unterdrückung gäbe, sei selbst ein Unterdrücker, denn Frauen, Gastarbeiter, Farbige, Arbeiter oder Bauern würden nicht sagen, dass es keine Unterdrückung gebe.[9] Er versteht das TdU als ein Theater der Befreiung. Nur die Unterdrückten selbst könnten ihre Unterdrückung zeigen und sich als handelndes Subjekt daraus befreien. Boal erklärt, dass die Formen der Unterdrückung in Europa andere seien und ihre Abschaffung andere Mittel erfordere als die in Lateinamerika (vgl. Boal 1989: 68).

Sein Sohn Julian Boal, der in Frankreich geboren wurde und dort lebt, versucht das, was Unterdrückung im TdU meint, zu beschreiben. Er konstatiert in seinem Artikel „Unterdrückung", dass es weltweit etablierte Systeme gebe, aus denen Unterdrückung hervorgehe. Er führt das in allen Gesellschaften der Welt vorherrschende System des Patriarchats an. In Frankreich drücke es sich z.B. in der ungleichen Bezahlung von Frau und Mann bei gleicher Qualifikation und Arbeitserfahrung aus. Diese und andere Unterdrückungen hätten historische Wurzeln und seien bis heute präsent. Julian Boal betont, „von Unterdrückung zu sprechen sei keine „schwarz-weiß" Konstruktion der Welt"[10] (Boal, Julian 2010: 125). Es soll durch diese Begriffswahl nicht „schwarz-weiß" gemalt werden; die Welt soll nicht in „gut" und „schlecht" eingeteilt werden. Jeder Mensch sei Teil verschiedener sozialer Gruppen und könne so Unterdrückter und Unterdrücker zugleich sein. Julian Boal diskutiert die expandierte Verwendung der Begriffe „Opfer" und „Ausgeschlossener". Die Verwendung dieser Begriffe entledige nach Julian Boal die Unterdrücker von ihrer Verantwortung, da sie

---

[9] Kommentar der Autorin: Auch drei Jahrzehnte nach dieser Einschätzung Boals zur „Unterdrückung in Europa" setzt sich dieses ungleiche und ungerechte Gesellschaftssystem fort. Die Befreiung aus Unterdrückung von außen, sowie internalisierte Unterdrückung sind aktuelle gesellschaftliche Herausforderungen.

[10] Originalzitat „Falar de opressão não é uma construcão maniqueísta do mundo" (Boal, Julian 2010: 125).

den Zusammenhang zwischen den Privilegierten der einen Gruppe und der Unterdrückung einer anderen negierten. Nach Julian Boal „sollen wir erkennen, dass es keine einzige revolutionäre Romantisierung in der Verwendung des Begriffs Unterdrückter gibt. Unterdrückter zu sein ist eine soziale Position, es ist keine politische Strategie"[11] (Boal, Julian 2010: 126).

Das Theater der Unterdrückten ist ein parteiergreifendes Theater für die Unterdrückten. „Mit Unterdrückten zu arbeiten ist eine klare philosophische, politische und soziale Option"[12] (Boal 2005: 26).

Nach Boals Verständnis bewegen sich alle Gesellschaften entlang bzw. durch konfliktreiche Strukturen. Er stellt in Frage, wie Menschen, die Teil einer Gesellschaft - und nach diesem Verständnis somit auch Teil von Konflikten - sind, sich „neutral" verhalten könnten. So seien wir immer Alliierte der Unterdrückten oder Komplizen der Unterdrücker (Boal 2005: 25). „Theater der Unterdrückten zu machen ist eine ethische Wahl, es bedeutet Partei für die Unterdrückten zu ergreifen" [13] (Boal 2005: 25).

Zu dieser Parteilichkeit des TdU für die Unterdrückten erklärt Boal in seinem Buch, dass das Theater der Unterdrückten noch nie ein Theater, welches gleichweit von den Parteien entfernt gewesen sei, das sich dafür entschuldige Partei zu ergreifen - es sei ein Theater des Kampfes. „Es ist Theater DER Unterdrückten, FÜR die Unterdrückten, ÜBER die Unterdrückten und VON den Unterdrückten [...][14] (Boal 2005: 30).

---

[11] Originalzitat: "Devemos reconhecer que não existe nenhum romantismo revolucionário no uso da palavra oprimido. Ser oprimido não é uma estratégia política" (Boal, Julian in Metaxis 2010: 126).

[12] Originalzitat: „Trabalhar com os oprimidos é uma clara opção filosófica, política e social" (Boal, 2005: 26).

[13] Originalzitat: „Fazer Teatro do Oprimido já é uma escolha ética, já significa tomar o partido dos oprimidos" (Boal 2005: 25).

[14] Originalzitat: „E teatro DOS oprimidos, PARA os oprimidos, SOBRE os oprimidos e PELOS oprimidos [...]" (Boal 2005: 30).

4.2. Fundamente und Aufbau des Theaters der Unterdrückten

4.2.1. Grundlegende Annahmen und Begriffe im Verständnis von Boal

Ein Ziel des TdU ist die Transformation eines Zu-Schauspielers in einen aktiven Protagonisten, der Alternativen für seinen Konflikt im Ästhetischen Raum erprobt. Darüber hinaus kann und soll die Übertragung des künstlerisch Erarbeiteten in den Alltag erreicht werden.

Boal formuliert in diesem Zusammenhang drei grundlegenden Annahmen anhand dreier Begriffe des TdU:

Boal geht davon aus, dass die auf der Makroebene der Gesellschaft geltenden moralischen und politischen Werte, die Strukturen von Macht, Herrschaft und Unterdrückung, sich „in den kleinsten Zellen der Gesellschaft", auf der Mikroebene, in den kleinsten sozialen Gefügen und Beziehungen abbilden. Damit wird, wenn im TdU ein individueller Konflikt angesprochen wird und dieser mit den Techniken des TdU bearbeitet wird, immer auch ein Anstoß für Veränderungen auf der Meso- und Makroebene gegeben. „Wenn wir über einen individuellen Fall sprechen, sprechen wir ebenso über die zugrunde liegenden, allgemein- gesellschaftlichen Prinzipien" (Boal 2006: 52).

Er zieht zum Verständnis dessen, worauf das TdU abzielt, den aus der Biochemie kommenden Begriff der „Osmose" heran. Er vergleicht die Gesellschaft sowie das konventionelle Theater mit einer halbdurchlässigen Membran, durch die der Informationsfluss nur in eine Richtung geht und durch die somit ein Macht- und Herrschaftsgefälle entsteht. Im Theater der Unterdrückten hingegen soll ein Gegendruck aufgebaut werden. Das TdU will die einseitige Mobilität, die beschränkte Durchlässigkeit aufheben und strebt statt eines Monologs, einen Dialog in beide Richtungen an (vgl. Staffler 2009: 35 ff).

> „Osmose meint die gegenseitige Durchdringung intrapersonaler, interpersonaler und gesellschaftlicher Ebenen, wodurch sich politische und ökonomische Widersprüche in den psychosozialen Verhältnissen der Menschen niederschlagen und widerspiegeln" (Haug 2005: 50).

Als zweiten Begriff führt Boal die „Metaxis“ ein: Metaxis stamme von dem griechischen Wort Methexis ab, welches von Platon geprägt wurde und für ihn den als unmöglich empfunden Übergang beschreibt, von der Welt der perfekten Ideen zur Umsetzung ins reale Leben.

> „Im Theater der Unterdrückten meint Metaxis die Fähigkeit des Zuschauers, das theatrale konventionelle Ritual zu überschreiten, um in dem Bild zu intervenieren und es zu transformieren, die Rolle des Protagonisten einnehmend und sich gleichzeitig in den Menschen und die Figur verwandelnd“[15] (CTO 2010).

Der Begriff Metaxis beschreibt das Phänomen der zwei Wirklichkeiten. Der Schauspieler schafft ein Bild der Realität, was für sich genommen real ist, und verändert es durch ästhetische Mittel, wodurch eine veränderte Realität des Bildes entsteht. Durch die Schaffung dieses Bildes entsteht also eine andere (neue) Realität in der Realität. In ihm herrschen die gleichen Unterdrückungen wie in der Wirklichkeit, die er zunächst versucht, in diesem Bild (im Ästhetischen Raum) zu verändern, um dann die Wirklichkeit zu transformieren.

Der Zu- Schauspieler, der im Forumtheater (siehe Kapitel 4.4.2) in die Szene eintritt, ersetzt den Unterdrückten. Der Mensch, der den Protagonisten ersetzend in die Szene tritt, nimmt eine Rolle an, die nicht seine ist, aber bringt in diese Rolle Anteile von sich selbst mit ein. Im Spielen der Rolle eines Anderen werden eigene Elemente erfahrbar. Sanctum, ein Curinga des CTO, erläutert dies wie folgt: Als derjenige, der in die Szene tritt, repräsentiere man die Figur und gleichzeitig sich selbst. Man handle so, wie es die Figur tun würde und so, wie man selbst in der Situation handeln würde (Sanctum 2011: Z.43 ff.). Dieses beschreibe die Bewegung der Metaxis. In der realen Wirklichkeit handle man in einer anderen kleineren Wirklichkeit innerhalb einer Szene. In dieser handle man als die Figur, die man darstellt und gleichzeitig als man selbst. „Dieses Phänomen, so glauben wir, ruft in dir eine Möglichkeit hervor, du beginnst wahrscheinlich an die Möglichkeit der Veränderung der Wirklichkeit zu glauben. Wenn ich das Bild, welches real ist, verändern kann, dann kann ich auch

---

[15] Originalzitat: „No Teatro do Oprimido, (Metaxis) significa a capacidade do espectador de transgredir o ritual teatral convencional para intervir na imagem e transformá-la assumindo o papel protagonico e se tornando, ao mesmo tempo, pessôa e personagem” (CTO 2010).

die reale Wirklichkeit verändern“[16] (Sanctum 2011: Z.60 ff.). Dieser Moment löse einen Glauben an die Möglichkeit der Veränderung in der Zukunft aus. Sanctum erklärt, dass dieses eine theoretische Annahme, eine Hypothese sei, die sich in der Praxis könne, aber nicht bestätigen müsse (vgl. Sanctum 2011).

Ein weiterer, auch bezüglich der Abgrenzung zum Therapieverfahren, wichtiger Begriff für das Theater der Unterdrückten, ist der der „Analogen Induktion“. Analoge Induktion meint die Abstraktion eines persönlichen Konfliktes, um eine kollektive Reflexion mit dem Ziel der gesellschaftlichen Transformation zu erreichen.

Das TdU geht von einer konkreten, häufig individuellen Erfahrung von Unterdrückung aus. Es besteht immer der Anspruch und die Notwendigkeit, dass die Teilnehmer (der Gruppe in der Erarbeitungsphase), sowie die Zu-Schauspieler bei einer Aufführung eine Resonanz mit dem Erfahrenen verspüren. Es sollten Unterdrückungsmechanismen wiedererkannt werden, um gemeinsam den Konflikt bearbeiten zu können und, um als Zu-Schaupieler in die Szene „einsteigen“ zu können. „Die Funktion der analogen Induktion ist es, eine Analyse anzuregen, mehrere Perspektiven anzubieten und die möglichen Gesichtspunkte, unter denen man die Situation betrachten kann, zu vervielfältigen“ (Boal 2006: 57). Um dies zu erreichen, ist es unabdingbar, von der individuellen, spezifischen Konfliktsituation das Allgemeine, das Kollektive zu abstrahieren. Auch darin liegt der Unterschied zur Therapie. Der Ausgangspunkt des TdU ist das Individuum, die Mikroebene, um Transformationen auf der Makroebene zu erreichen.

4.2.1. Der Baum des Theaters der Unterdrückten

Der „Baum des Theaters der Unterdrückten“ (Árvore do Teatro do Oprimido) ist eine bildliche Darstellung des gesamten Konzeptes und Methodenspektrums des Theaters der Unterdrückten. In diesem Unterkapitel wird zunächst auf die Grundlagen, die Wurzeln und den Stamm des TdU eingegangen, bevor in einem zweiten Schritt die Baumkrone, welche die explizit von Boal entwickelten Methoden enthält, kurz beschrieben wird. Die Methodenentwicklung ist eng verknüpft mit dem Leben Augusto Boals. Die Beschreibung der Methoden erfolgt daher entlang seiner Biografie.

---

[16] Originalzitat: “Este fenômeno nos acreditamos que causa em você uma possibilidade, você comercia a, provavelmente você comercia acreditar na possibilidade da modificação da realidade, se eu posso modifica a imagem, que é real, eu também posso modifica a real realidade” (Sanctum 2011: Z.60ff).

4.2.2. Erklärung der Wurzeln und des Stammes des TdU

Das von Boal entwickelte metaphorische Bild des „Baumes des Theater der Unterdrückten“ fußt auf Ethik und Solidarität. Ethik ist im Verständnis des TdU eng verknüpft mit der Allgemeinen Erklärung der Menschenrechte und wird scharf abgegrenzt vom Begriff Moral. „Moral ist das, was besteht; Ethik das, was wir anstreben“[17], verlautbart Rodrigues in unserem Gespräch (Rodrigues: 2011: Z.141 ff.). Ethisch sei alles, was die Einhaltung der Menschenrechte umfasse; es gäbe Handlungen, die moralisch, aber nicht ethisch seien. Boal selbst führt als Beispiel an, dass die zeitgeistige Moral nichts Verwerfliches an der Sklaverei fand, wohingegen einem die Ethik immer ihre Abschaffung geboten habe (vgl. Staffler, 2009: 35).

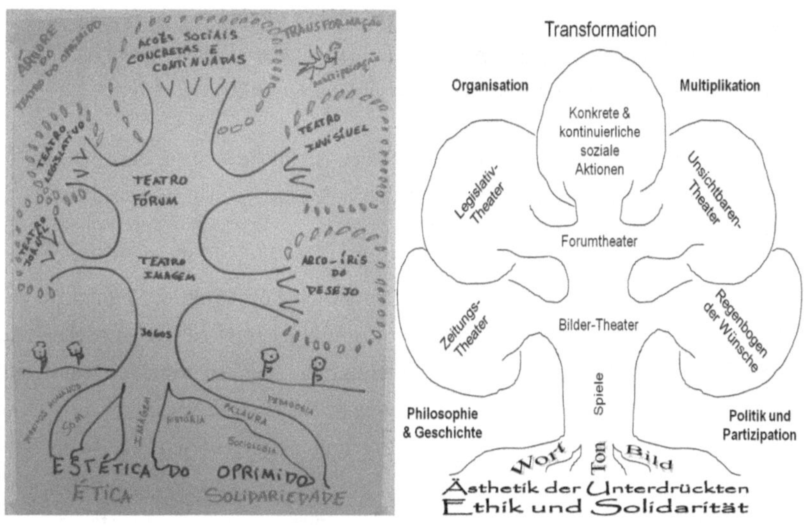

Abbildung 5: Der Baum des TdU (Claudia Simone, Workshop „Einführung in das TdU, CTO April 2011)

Solidarität drückt sich in der Praxis des TdU aus. Das TdU ist solidarisch mit den Unterdrückten, es ist solidarisch im Kampf für die Befreiung aus der Unterdrückung, gegen Ungerechtigkeit und für die Einhaltung der Menschenrechte.

---

[17] Originalzitat: „Moral é o que é estabelecido, ética o que a gente quer" (Rodrigues: 2011: Z.141 ff.).

Die Ästhetik der Unterdrückten

> "Die Ästhetik ist nicht die Wissenschaft des Schönen, wie es häufig gesagt wird; sie ist die Wissenschaft der sinnlichen (sensorischen) Kommunikation und der Sensibilität"[18] (Boal 2009:31).

Die Ästhetik der Unterdrückten ist keine eigenständige Methode, sie stellt bildlich gesprochen die Erde des TdU dar, welche die gesamte Methode nährt.
Rodrigues, Curinga des CTO, erklärt, dass alles, was das TdU mache, ästhetisch sei. Ein Konflikt würde nicht durch Worte transformiert werden. Worte seien wichtig, aber im Theater der Unterdrückten werde durch Kunst transformiert. Transformation geschehe zum Beispiel durch ein selbstgeschriebenes Gedicht, eine selbstkomponierte Musik, ein in der Gruppe entwickeltes Forumtheaterstück. Rodrigues erläutert, dass der Weg des Theaters der Unterdrückten zur Transformation eines Konfliktes über die Ästhetik der Unterdrückten gehe (vgl. Rodrigues 2011: Z.181 ff.).

> „Die Grundlage der Ästhetik der Unterdrückten ist die Gewissheit, dass wir alle besser sind, als wir annehmen zu sein, fähig mehr zu tun, als wir realisieren: Jeder Mensch ist expansiv"[19] (CTO, o.J.:1).

Das Angebot der Ästhetik der Unterdrückten ist die Förderung der Fähigkeit, die Welt über das „symbolische" und „sensible/feinfühlige Denken" zu entdecken und zu verstehen. Nach Boal sei das sensible/feinfühlige Denken, welches Kunst und Kultur produziere, existenziell für die Befreiung der Unterdrückten; daher sei es existenziell, die Fähigkeit des Aufnehmens und Verstehens zu vertiefen (vgl. Boal 2009: 16).
Über die Fähigkeit, die Welt über die beiden Wahrnehmungskanäle zu erfahren, vergrößere sich die Wahrscheinlichkeit der Transformation. Die Erweiterung der Wahrnehmung der Realität sowie das Ausdrucksvermögen werden in den Übungen der Ästhetik der Unterdrückten besonders über die Elemente Wort, Bild und Ton stimuliert (vgl. CTO, o.J.: 1 ff.; Felix 2011: Z.209 ff.).

---

[18] Originalzitat: „A Estética é a ciência do Belo, como se costuma dizer, mas sim a ciência da comunicação sensorial e da sensibilidade" (Boal 2009: 31).

[19] Originalzitat: „A Estética do Oprimido tem por fundamento a certeza de que somos todos melhores do que pensamos ser, capazes de fazer mais do que realizamo: todo ser humano é expansivo" (CTO, o.J.: 1).

Die Übungen der Ästhetik der Unterdrückten stoßen eine Analyse, einen Bewusstseinsprozess über die eigenen Fähigkeiten und über bestimmte komplexe Strukturen an, sie dienen der eigenen Emanzipation und dem besseren Verständnis der Welt. Mit der Ästhetik der Unterdrückten werde laut Boal nach Mitteln gesucht, die die Unterdrückten unterstützen, sich von „den Fesseln der [„vorherrschenden"] Ästhetik", denen sie unterworfen sind, zu befreien und ihre eigene Ästhetik zu schaffen, in der sie sich wiedererkennen können und mit deren Hilfe sie sich ausdrücken können (vgl. Equipe do CTO 2009).

Übungen und Spiele

Übungen und Spiele Boals zielen auf die „De-Mechanisierung" (De-mecanizacao) des Körpers und des Intellekts ab und werden als Vorübungen, hinführend zu den von ihm entwickelten Methoden, eingesetzt. Es sind, wie der Titel eines seiner Werke nahelegt, „Spiele für Schauspieler und Nicht-Schauspieler". Es handelt sich um ein Sammelwerk von Übungen, die nicht im Gesamten von Boal selbst entwickelt wurden, sondern bis heute weiterentwickelt und in verschiedenen Kontexten benutzt werden. Boal geht davon aus, dass unsere alltäglichen Handlungen in unseren Körper und Geist eingeschrieben sind und seine „Beweglichkeit" einschränken. Die Spiele und Übungen sollen, „das Bewußtwerden unseres eignen Körpers, seiner durch den einseitigen Berufsalltag verursachten Deformationen, seiner automatisierten, mechanisierten Bewegungsabläufe" (Boal 1989: 174) und die Aufhebung von Blockierungen bezwecken.
Das Bildertheater (Statuentheater) dient dazu, einen Begriff oder ein Gefühl in einer Körperstatue auszudrücken. Bei dieser Technik wird auf Sprache verzichtet, ein Dialog entsteht durch Körpersprache, durch Modellieren der Statuen und durch körperliche Reaktion auf die geformten Statuen. Es wird versucht, ein kollektives Realbild zu erarbeiten, in dem sich alle Gruppenmitglieder wiederfinden und welches durch Dynamisierungen zu einem Idealbild umgeformt werden kann (Neuroth 1994: 38).

4.2.3. Boals Biografie und die Entwicklung der Methode entlang seines Lebens

Augusto Boal, der sein Studium der Chemie abschloss, dessen Leidenschaft aber unlängst dem Theater galt, ging diesem Bedürfnis verstärkt während seines Auslands-

studiums in New York nach. Dort stand er in Austausch mit verschiedenen Dramaturgen und Theatermachern. Mit seiner Rückkehr nach Brasilien leitete er ab 1956 das politische Volkstheater „Theater Arena“ in São Paulo, Brasilien (Abellan 2001: 168). Seine Arbeit war beeinflusst von dem epischen Theater Bertolt Brechts und dem politischen Theater Erwin Piscators. Beide Theatermacher hatten ein marxistisch geprägtes Grundverständnis, verstanden Theater als ein Mittel, um die angestrebte gesellschaftliche Veränderung zu erreichen und setzten ihre Ideologien in ihrer Theaterarbeit, dem Verständnis von Bühne und der Funktion der Bühne im Verhältnis von Schauspieler und Zuschauer um (Boal, 2005: 139 ff.). Geprägt von diesen Künstlern entwickelte Boal die Ideen weiter. Er hob die Trennlinien zwischen Schauspieler und Zuschauer völlig auf und entwickelte den Begriff und das Konzept des Zu-Schauspielers. Augusto Boal wurde aufgrund seines politischen Theaters während der brasilianischen Militärdiktatur (1969-1985) zunehmend unter Druck gesetzt. Die Repressionen reichten von Zensuren seiner Stücke bis hin zu seiner Verhaftung und Folter. In Folge dieser erlebten Repressionen floh Boal ins argentinische Exil. Die verschiedenen Methoden und Techniken, die er zeitlebens weiterentwickelte und systematisierte, sind als Reaktionen auf die soziale und politische Realität, in der er sich bewegte, zu verstehen. Sie seien, an den Bedürfnissen der Menschen orientiert, weiter entwickelbar und wie es auch Boal selbst formuliert habe, Methoden für die Menschen und nicht die Menschen für die Methoden (vgl. Bendelak 2011).
Folgend soll ein Überblick über diese Methoden entlang markanter Eckpunkte in der Biografie Augusto Boals gegeben werden. Einige Methoden werden vorerst nur oberflächlich skizziert, da auf sie und ihr konflikttransformatives Potenzial später genauer eingegangen wird.

Zeitungstheater (Brasilien)

Nach dem zweiten Staatsstreich am 13. Dezember 1968 ging die brasilianische Regierung mit aller Härte gegen Oppositionelle vor. Verhaftungen und Repressionen nahmen zu. In deren Folge verließen viele Brasilianer ihr Land. Boal setzte seine Arbeit am „Teatro Arena“ fort und entwickelte als Reaktion auf die radikale Zensur das Zeitungstheater. Das Zeitungstheater ist mit seinen 12 Techniken die erste Methode des TdU. Das Ziel war es, politisches Theater zu machen, welches sich der

Zensurbehörde entzog. Es wurden nicht wie bisher klassische Stücke gespielt, welche vor öffentlicher Präsentation der Zensur unterlagen, sondern man schuf eine Theaterform, die unter Einbeziehung des Publikums, Zeitungsnachrichten, Berichten, Reportagen etc. auf der Bühne entstand (Boal 1989: 15). Erstmalig wurden mit dieser Theaterform der herkömmliche Theaterproduzent und Zuschauer abgeschafft und das Volk zum Produzenten seines eigenen Theaters (Boal 1989: 28). Boal entwickelte dieses Konzept fort und weitete die Arbeit von dem Theater Arena ausgehend bis zu seiner Verhaftung 1971 aus. Seiner Freilassung im gleichen Jahr folgte die Flucht nach Argentinien, in das Heimatland seiner Ehefrau Cecilia Thumin, wo er zunächst als Regisseur in Buenos Aires weiterarbeitete. Die zunehmend angespannte politische Lage in Argentinien schränkte Boal in seiner kritischen Theaterarbeit auch dort verstärkt ein, so dass er eine weitere Methode des TdU, das „Unsichtbare Theater", entwickelte.

Unsichtbares Theater (Argentinien)

Das Unsichtbare Theater hebt ebenfalls die Grenze zwischen Schauspieler und Zuschauer auf und entledigt sich einer Bühne. Für die Dauer der Handlung kann jeder Platz zu einer Bühne werden. Schauspieler agieren (spielen) im öffentlichen Raum (bspw. Marktplätze, U-Bahnen, Haltestellen), ohne dass sie sich als solche zu erkennen geben und reagieren auf die Reaktionen der Öffentlichkeit. „Das Unsichtbare Theater geht von einem geschriebenen Text aus, einer festumrissenen Konfliktsituation", (Boal 1989: 35) und bereitet auf mögliche Reaktionsformen der Öffentlichkeit vor.

Während seiner Zeit im argentinischen Exil arbeitete Boal auch in verschiedenen anderen lateinamerikanischen Ländern. In Peru engagierte er sich in einem Alphabetisierungsprogramm und entwickelte verschiedene künstlerische Methoden zum Spracherwerb. Außerdem schuf Boal in Peru die Methode der „simultanen Dramaturgie" (eine Methode, bei der der Zuschauer als Autor aktiv wird und seine Ideen durch die Schauspieler umgesetzt werden). Diese Form stellt, wie das Statuentheater, die Grundlage seines später entwickelten dialogischen Forumtheaters dar (Boal 1989: 56; siehe Kapitel 4.4.2).

Forumtheater (Peru)

Im Forumtheater wird eine real erlebte Situation improvisiert, deren Gegenstand ein ungelöster Konflikt ist. Bei der Aufführung wird die Trennung zwischen Zuschauer und Schauspieler aufgehoben. In direkter Intervention („theatraler Aktion") kann der Zuschauer einen Schauspieler ersetzen und zur Transformation der Situation beitragen. Gemeinsam werden auf diese Weise Alternativen für die Konfliktsituation erprobt.
Da diese Methode als zentrales Ziel die Konflikttransformation anstrebt, wird sie in Kapitel 4.3.1 genauer beschrieben und im Hinblick auf ihre Wirkungskraft analysiert.

Regenbogen der Wünsche (Europa)

Als es im Jahr 1978 zu einem Militärputsch in Argentinien kam, und sich die Militärdiktatur auch in seinem damaligen Lebensort durchsetzte, floh Boal mit seiner Familie nach Portugal. Nach kurzen Zwischenstationen in anderen europäischen Ländern, in denen er seine Stücke aufführte oder Workshops anleitete, lebte er bis zu seiner definitiven Rückkehr nach Brasilien im Jahre 1986 in Frankreich (Abellan 2001: 167 ff.).
Wie in Kapitel 4.1.2 beschrieben, stellte er im Exil in Europa fest, dass die hier erlebten Unterdrückungen auf andere Art und Weise in Erscheinung treten. Es seien subtilere Unterdrückungsformen, die nach alternativen Mitteln der Befreiung verlangen. Es handele sich um internalisierte, verinnerlichte Konflikte, deren Ursprung häufig in der Gesellschaft verankert seien (vgl. Boal 1989: 68). Seine Techniken „Polizisten im Kopf" und „Regenbogen der Wünsche" werden häufig mit dem Psychodrama nach Jakob Levy Moreno in Verbindung gebracht und zeigen vergleichbare Elemente. Boal erklärt, dass seine Methoden nicht zur Therapie des Individuums entwickelt wurden. Sie könnten therapeutisch wirken, seien aber keine Therapie (Haug 2005: 47).[20]

---

[20] Zum Weiterlesen: Moreno, Jacob Levy: Gruppenpsychotherapie und Psychodrama: Einleitung in Theorie und Praxis. 4. unveränderte Auflage, Stuttgart (u.a.), 1993
Feldhendler, Daniel: Psychodrama und Theater der Unterdrückten, Verlag Wilfried Noll, 2. Auflage, Frankfurt, 1992
Graf, Wilfried in Zeitschrift für Psychodrama und Soziometrie: Soziometrie, Friedensforschung und kreative Konfliktforschung: Einladung zu einer Begegnung zwischen J.L. Moreno und Johan Galtung. Ulrike Fangauf, Franz Stimmer (Hrsg.), 2/2006

In Paris lebend, gründet er 1979 das CEDITADE (Centre d´etude et de diffusion des techniques actives d´expression - Zentrum zum Studium und zur Vorbereitung aktiver Ausdruckstechniken), welches später in CTO Paris (Centre du Théatre de l´Opprime - Zentrums des Theaters der Unterdrückten) umbenannt wurde.
Nach dem Ende der Militärdiktatur (1985) entschloss sich Boal erst 1986 mit seiner Familie dauerhaft nach Brasilien zurückzukehren. Er folgte einer Einladung des damaligen Gouverneurs von Rio de Janeiro, seine Theaterarbeit an den CIEPs (Centros Integrados de Educação Publica) anzugliedern und umzusetzen. Ein politischer Machtwechsel führte zum Ende dieses Projektes. Einige von Boals Ausgebildeten, die in dem Projekt mit ihm zusammengearbeitet hatten, wollten die Theaterarbeit nicht aufgeben, ein Theaterzentrum gründen und ihn als künstlerischen Leiter gewinnen. So gründete diese Gruppe mit Boal 1989 das CTO (Centro do Teatro do Oprimido - Zentrum des Theaters der Unterdrückten) in Rio de Janeiro. 1992 ließ sich Boal als Kandidat der Arbeiterpartei PT (Partido Trabalhador) für das Stadtparlament aufstellen und wurde, unterstützt durch das CTO, in der Kampagnenarbeit als Abgeordneter gewählt. So zog er 1993 ins Stadtparlament ein und konnte die Mitarbeiter des CTO als seinen Mitarbeiterstab einstellen. „Das war für ihn *die* Möglichkeit mit Hilfe des Theaters im Parlament direkte Demokratie zu praktizieren“ (Staffler 2009: 119). Es war die Entstehungszeit des legislativen Theaters (Teatro Legislativo), durch das konkrete Gesetzesentwürfe durch Theater erarbeitet wurden (vgl. Felix 2011).

Legislativtheater (zurück in Brasilien)

Boal und sein Mitarbeiterstab arbeiteten während seiner Mandatszeit mit über 40 unterschiedlichen Gruppen mit der Methode des Legislativtheaters, bei der im Anschluss an eine Forumtheater-Aufführung die Zu-Schauspieler aufgefordert werden, Gesetze zu formulieren, die von Rechtsexperten geprüft werden. Diese kontrollieren, ob die Inhalte schon in bestehenden Gesetzen wieder zu finden sind. Ist dies nicht der Fall, übernehmen sie die Aufgabe, die Gesetzesvorschläge in adäquater Rechtssprache zu formulieren und in konkrete Gesetzesinitiativen zu übersetzen, die von den politischen Verantwortlichen beschlossen und dann in die Realität umgesetzt werden können.

In dieser Methode spiegelt sich das Demokratieverständnis von Boal wieder. Jeder Zu-Schauspieler ist ein handelndes Subjekt, wird in diesem partizipatorischen Theaterprozess zum Gesetzesschreiber. Er ist dadurch direkt an der Demokratie beteiligt. Fünfzehn durch diese Methode entwickelten Gesetze wurden in Boals Mandatszeit bis 1996 verabschiedet. Auf diesem Weg kam es zum Beispiel zu einem Zeugenschutzprogramm für Straßenkinder, Verbesserungen in der medizinischen sowie in der Versorgung psychisch kranker Menschen und städtebaulichen Maßnahmen zum Schutz sehbehinderter Menschen (vgl. Boal 1998:
102 ff.).

Auch ohne politisches Mandat hatte Boal bis zu seinem Tod (2009) die künstlerische Leitung des CTO inne. Das CTO führte und führt bis heute von verschiedenen Geldgebern (auch staatlichen Einrichtungen, wie z.B. dem Kulturministerium) unterstütze Projekte durch. Es realisiert TdU-Projekte in Schulen, Gefängnissen, Psychiatrien und forensischen Einrichtungen im Rahmen einer psychiatrischen Reformbewegung. Außerdem führt es Multiplikatoren-Ausbildungen und internationale Festivals durch. Boal selbst ging neben seiner Tätigkeit am CTO der internationalen Verbreitung der Methoden nach und gab weltweit Workshops und Seminare.

Im Jahre 1994 würdigte die UNESCO seine Arbeit mit der Pablo-Picasso-Medaille, 1996 nahm er zusammen mit Paulo Freire die Ehrendoktorwürde der Universität Nebraska entgegen. Im Jahr 2008 wurde Augusto Boal für den Friedensnobelpreis vorgeschlagen und nominiert, erhielt diesen Preis jedoch nicht. Im März 2009 wurde er zum UNESCO-Botschafter für Theater ernannt.

Bis zu seinem Tod entwickelte Boal seine Methoden zusammen mit den Mitarbeitern des CTO weiter. Er systematisierte sie in dem erst nach seinem Tod 2009 verlegten und veröffentlichten Werk „A Estética do Oprimido“ (die Ästhetik der Unterdrückten).

Die in verschiedenen Sprachen übersetzten Werke Boals, seine weltweit aufgeführten Theaterstücke, zahlreiche Auszeichnungen, und die Anwendung seiner Methoden in über 70 Ländern der Welt zeigen, dass Boal ein bedeutendes Lebenswerk geschaffen hat: er hinterließ Methoden der Konfliktbearbeitung, die kontextübergreifend anwendbar sind und Transformationen auf verschiedenen Ebenen angestoßen haben.

4.3. Transformations- und Konfliktverständnis sowie Konfliktanalyse im TdU

4.3.1. Transformation als Ziel des TdU

Boal beschreibt zwei grundlegende Prinzipien des Theaters der Unterdrückten. Zum einen die Transformation des Zuschauers in den Protagonisten der theatralen Aktion und zum anderen den Versuch, ausgehend von dieser Transformation, eine Veränderung der Gesellschaft zu erreichen und sie nicht (wie im konventionellen Theater) nur zu interpretieren (Boal 2004: 319). Die Methoden und Techniken des TdU zielen auf die Überwindung von Unterdrückung, die Befreiung aus Unterdrückung, auf die Veränderung gesellschaftlicher Verhältnisse und damit auf die „Humanisierung der Menschheit“ ab. „Das Theater der Unterdrückten sucht in all seinen Formen und Ausprägungen immer die Transformation der Gesellschaft im Sinne der Befreiung der Unterdrückten. Es ist Aktion in sich und ist Vorbereitung auf zukünftige Aktionen“[21] (Boal 2005: 19).

Im Folgenden sollen zunächst Zielbeschreibungen der Curingas angeführt werden, welche sich gegenseitig ergänzen. Das Ziel des TdU nach Britto ist:

> “Die Transformation der Welt durch die Menschen. Das Theater der Unterdrückten an sich macht nichts, die, die etwas machen, sind die Menschen. Das Theater der Unterdrückten kann ein Werkzeug für Menschen sein, die, wenn sie organisiert sind, dieses benutzen können, um Konfliktsituationen, Situationen von Unterdrückungen zu diskutieren, um diese Situation zu verändern und im Kollektiv eine soziale, wirtschaftliche, kulturelle, im weitesten Sinne politische, Transformation zu erreichen“[22] (Britto 2011: Z.6 ff.).

Sarapeck beschreibt, wie durch das Theater der Unterdrückten Transformationen auf verschiedenen Ebenen erreicht werden können und dass der Ausgangspunkt des TdU

---

[21] Originalzitat: „O Teatro do Oprimido, em todas suas formas, busca sempre a transformação da sociedade no sentido da libertação dos oprimidos. E em ação si mesmo, e é preparação para açoes futuras” (Boal 2005: 19)

[22] Originalzitat: “Transformar o mundo através das próprias pessõas. O Teatro do Oprimido em si não faz nada, quem faz são as pessõas. Teatro do Oprimido pode ser uma ferramenta para que as pessõas de forma organizadas podem utilizá-la para debater situações de conflito, de opressão, para mudar essa situação e colectivamente e levar a uma transformação social, econômica, cultural, politica de uma forma ampla” (Britto 2011: Z.6 ff.).

immer die intrapersonale Ebene sei. Diese Transformation sei Voraussetzung, um weitere Transformationen auf anderen Ebenen anzustreben. Die Methoden und Techniken werden von Sarapeck von Beginn des Prozesses an als sehr wirksam in Hinblick auf angestrebte Veränderungen beschrieben. Die Spiele, das Erzählen von sich selbst, die Möglichkeit „sich" in der Szene zu beobachten, sich als Schauspieler wahrzunehmen usw. seien Erlebnisse, welche die Veränderung auf individueller Ebene ausmachen würden. Von dieser individuellen Transformation gelange man auf andere Ebenen (siehe Kapitel 4.4). "Das Theater der Unterdrückten kann große Transformationen erreichen, aber es muss auf der individuellen Ebene beginnen, welche die Basis darstellt"[23] (Sarapeck 2011: Z.41 f.).

Diese Definition der Curingas Britto und Sarapeck zeigen, dass im Verständnis des TdU jegliche Transformation vom Individuum ausgeht. Der Unterdrückte, der seinen Konflikt transformieren will, kann diese Veränderung in Gemeinschaft und unter zur Hilfenahme der Methoden des TdU erreichen. In dieser Definition steckt die Überzeugung, durch die kreativen Möglichkeiten des Individuums und des Kollektivs Veränderungen auf verschiedenen Ebenen herbeiführen zu können.

> „Das übergeordnete Ziel der Methode ist die Transformation der Realität. Wenn man den Baum betrachtet, der die Methode repräsentiert und in dem die Methode systematisiert wurde, steht ganz oben das Wort Transformation. Das bedeutet, dass wir schlussendlich die Transformation der Wirklichkeit anstreben"[24] (Rodrigues 2011: Z.7 ff.).

Jede einzelne Methode für sich sowie die Methoden in ihrer Gesamtheit streben eine Veränderung der Realität an.

> „Das Ziel im weitesten Sinne ist soziale Transformation in der Realität durch das Theater, durch Kunst, durch das Sensible, die Ästhetik. Ästhetik nicht im Sinne der

[23] Originalzitat: "O TO pode chegar nas transformações megas, mas ele precisa comercia no pessõal que é a base" (Sarapeck 2011:Z.41 f.).

[24] Originalzitat: "O objetivo final da metologia é a transformação da realidade. Se você for ver nossa árvore que representa a metologia, aonde a gente sistematiza o método no final dele existe a palavra transformação. Então tudo que a gente busca no final das contas e a transformação da realidade"(Rodrigues 2011: Z.7 ff.).

Schönheit, wie sie im Allgemeinen bekannt ist, Ästhetik im Sinne sensorischer Kommunikation durch die Sinne"[25] (Conceição 2011:Z.16 ff.).

Mit anderen Worten zielt das TdU auf die Veränderung der sozialen Wirklichkeit unter Verwendung ästhetischer Mittel, im Speziellen durch theatrale Methoden ab. Das TdU strebt eine Veränderung der bestehenden ungleichen Machtverhältnisse an, die in ihrem Verständnis unterdrückend und ausbeuterisch sind und nur dadurch diese Verhältnisse aufrechterhalten. Der Ästhetik, nicht verstanden als das für „schön" Befundene, sondern als eine sensible Kommunikation, kommt dabei eine besondere Bedeutung zu. Mit den ästhetischen Mitteln Ton, Wort und Bild wird ein Abbild der Realität geschaffen, es wird eine „Metapher" für die Wirklichkeit kreiert (vgl. Santos 2008: 114).

4.3.2. Konflikt und Konflikttransformationsverständnis im TdU

„Theater beschreibt Konflikte, Widersprüche, Konfrontationen und Herausforderungen. Die Dramatik liegt in der Variation und Dynamik dieser widerstreitenden Kräfte" (Boal 2006: 31).

„Im Theater ist der Konflikt der Berechtigungsgrund der Inszenierung. Ein gutes Stück hängt von einem guten Konflikt ab"[26] (Santos 2008: 110).

Konflikte sind Grundlage und Gegenstand des Theaters, die leidenschaftliche Auseinandersetzung auf der Bühne ist existenziell für das Theater. Es lebt von Widersprüchen und Konflikten und den davon ausgehenden Spannungen. Selbst das konventionelle Theater kommt nicht ohne diese Spannungen, ausgelöst durch Konflikte und Widersprüche, aus.

---

[25] Originalzitat: "O objetivo bem mais amplio é a transformação Social na realidade através do teatro, através da arte, do sensível, através da estética, não estética do belo, como ela e generalmente conhecido, mas estética como sendo a comunicação sensorial através do sentidos" (Conceição 2011:Z.16 ff.).

[26] Originalzitat: „No teatro, conflito é a razão de ser da encenacão. Uma boa peça depende de um bom conflito" (Santos 2008: 110)

In allen Methoden des TdU geht es im Kern um Konflikte. Im Forumtheater sind diese zentraler Bestandteil der Dramaturgie. Der Höhepunkt des Stückes ist die Zuspitzung des Grundkonfliktes in der sogenannten „chinesischen Krise“[27]. Nach der Beschreibung des allgemeineren Konfliktverständnisses im TdU wird beispielhaft in Kapitel 4.4.2 auf das Forumtheater und seine Dramaturgie näher eingegangen.
Augusto Boal benutzt in seinen Werken selten den Begriff Konflikt. In den Interviews mit den von Boal ausgebildeten „Curingas“, den Konflikt-Facilitators und Experten des Theaters der Unterdrückten wird der Begriff „Konflikt“ jedoch sehr häufig und synonym für „Unterdrückung“ verwendet.[28] Erstaunlich ist, dass es keine eindeutige Definition für „Konflikt“ im TdU gibt.

Für „Unterdrückung“ hat Julian Boal, Sohn von Augusto Boal und Praktiker des TdU, versucht, in seinem Artikel „Opressão“ (Unterdrückung) eine Definition zu finden:

> „Unterdrückung ist eine konkrete Beziehung zwischen Individuen, die Teil unterschiedlicher sozialer Gruppen sind, die die eine Gruppe begünstigt und die andere benachteiligt“[29] (Boal, Julian 2010: 124).

Wie oben dargestellt, gibt es im TdU keine eindeutige Konfliktdefinition, aber zahlreiche Anknüpfungspunkte zum Konfliktverständnis und Konfliktdefinitionen der Friedens- und Konfliktforschung. Auf diese soll folgend eingegangen werden.
Das TdU beschäftigt sich i.d.R. mit asymmetrischen Konflikten. Im Verständnis vom TdU beschreibt Unterdrückung einen asymmetrischen Konflikt. In den Konflikten, die im TdU bearbeitet werden, herrscht eine Asymmetrie zwischen Unterdrücktem und Unterdrücker.

---

[27] Begriffserklärung: „Chinesische Krise“ meint den Moment in einem Forumtheaterstück in dem der Konflikt seinen Höhepunkt erreicht. Von diesem Höhepunkt, der „chinesischen Krise“ gehen Potenzial und Gefahr aus.

[28] Kommentar der Autorin: Dieser Sachverhalt könnte damit erklärt werden, dass die Befragten sich in dem Interview an Sprache und Forschungsgegenstand anzupassen versuchten und diesen Begriff in ihren Antworten aufnahmen. Da sie den Begriff auch in ihrer Arbeitspraxis, der Anwendung des TdU, in der Anleitung von Übungen und Techniken verwenden, ist jedoch nicht davon auszugehen.

[29] Originalzitat: „Opressão é uma relação concreta entre individuos que fazem parte de diferentes grupos sociais, rela ção que beneficia um grupo detrimento do outro“ (Boal, Julian 2010: 124).

Im TdU geht ein Konflikt nach Britto mit unvereinbaren Wünschen einher, deren Realisierung von der einen Konfliktpartei „Unterdrücker" verhindert wird, da sie über die Mittel verfüge, die Realisierung des Wunsches der „Unterdrückten" zu verhindern. Der Konflikt entlädt sich, da eine Konfliktpartei, der Unterdrücker, im TdU zugehörig zu einer Klasse sei, die über mehr Macht, über mehr kulturelle, ökonomische, politische oder soziale Macht verfüge. Brittos Erklärung zufolge verhindere der Unterdrücker, der in dieser Beziehung und in dieser Gesellschaft über mehr Macht verfüge, die Aufhebung dieser Machtkorrelation (vgl. Britto 2011: Z.11 ff.).
Britto erläutert in seinen Worten das, was Bonacker und Imbusch als charakteristisch für einen asymmetrischen Konflikt beschreiben. Die eine Konfliktpartei, in der Sprache des TdU „der Unterdrückte", habe nicht die gleichen Voraussetzungen, verfüge nicht über die gleichen Mittel wie die andere Konfliktpartei, „der Unterdrücker". Eine Konfliktpartei verfüge über mehr Ressourcen, Macht und Handlungsoptionen als die andere (vgl. Bonacker/Imbusch in Imbusch/Zoll 2006: 72). In der Sprache Boals sind die Methoden des TdU Mittel im Kampf gegen diese Unterdrückung; Mittel, um diesen asymmetrischen Konflikt zu überwinden.
Der Curinga Conceição beschreibt in meinem Interviews „Konflikt" wie folgt:

> „Der Konflikt ist immer Grundlage und Ausgangspunkt des Theater der Unterdrückten. Wenn wir den Konflikt identifiziert haben, arbeiten wir theatralisch, um auszuprobieren, ich benutze nicht die Worte lösen, aber dialogisch, sehend, verstehen, wie dieser Konflikt transformiert werden kann. Wir werden den Konflikt niemals lösen, aber wir werden Alternativen für ihn suchen"[30] (Conceição 2011:Z. 28 ff-).

Mit dieser Aussage bestätigt Conceição, dass Konflikte grundlegende Inhalte des TdU sind; außerdem erklärt er, dass es nicht um Konfliktlösung, sondern um das Erarbeiten von Konfliktlösungsalternativen gehe (vgl. Galtung in Kapitel 2.2.2). Er bezieht sich mit diesen Aussagen vor allem auf das dialogische Forumtheater, in dem gemeinsam mit den Zu-Schauspielern theatralisch nach Alternativen, die zur Transformation führen, gesucht wird.

---

[30] Originalzitat: "O conflito e sempre base do TO. Quando a gente identifica isso, a gente vai trabalhar teatralmente pra tentar, não digo resolver este conflito, mas dialogar, ver, entender como este conflito pode ser transformado, nunca a gente vai resolver, mas buscar alternativas pra ele." (Conceição 2011: Z.28ff).

Das TdU arbeitet mit antagonischen und nicht-antagonischen Konflikten. In einem antagonistischen Konflikt stünden sich nach Santos die Konfliktparteien gegenüber, sie gehörten verschiedenen Lagern an. Daher sei es im Theater der Unterdrückten für den Unterdrückten zwingend notwendig, Mittel zu finden, um die Strategien des Unterdrückers zu entschärfen. In einem nicht-antagonistischen Konflikt würden die Konfliktparteien, abgesehen von der Konfliktsituation, nach Verständnis und Versöhnung streben (vgl. Santos 2010: 69).

Antagonische und nicht-antagonische Konflikte im TdU werden von Simonis außerdem in „ethische" und „unethische" Konflikte, unterschieden. Antagonische Konflikte, in denen eine Konfliktpartei (im TdU „der Unterdrücker") kein Interesse an einer Konfliktlösung habe, weil sie von der Konfliktsituation, beispielsweise durch Ausbeutung profitiere und sich ihren Vorteil erhalte oder sich das Machtungleichgewicht verhärte, seien nach Simonis „unethisch". Nicht-antagonische Konflikte, in denen ein beidseitiges Interesse an der Konfliktbearbeitung und somit die Möglichkeit eines Kompromisses bestehe, seien „ethisch" und die Wiederherstellung eines Dialoges durch das TdU möglich (vgl. Bonacker/Imbusch 2006: 72, Simone 2011: Z.16 ff.).

Das TdU unterscheidet, wie auch Bonacker/Imbusch, zwischen legitimen und nicht-legitimen Konflikten. Die Curingas des CTO beschreiben als „legitime Konflikte" diejenigen, denen ein ethischer Wunsch nach Transformation zugrunde liegt. Die Konfliktalternativen müssten mit den universellen Menschenrechten übereinstimmen; die Konfliktalternativen dürften die Menschenrechte nicht verletzen.

In den Werken Boals, der praktischen Arbeit des CTO und in den Interviews mit den Curingas wird deutlich, dass das TdU - im Gegensatz zu dem im Alltag vorherrschenden negativen Konfliktverständnis - Konflikte als notwendig betrachtet, um Alternativen zu der vorherrschenden Situation zu erarbeiten, um eine Transformation zu erreichen. Der Konflikt im TdU gilt als Förderer des sozialen Wandels. Dieses Konfliktverständnis des TdU kommt dem von Bonacker und Imbusch sehr nahe. Die Konflikt-Definition von Bonacker und Imbusch lautet:

> „Konflikte lassen sich entsprechend definieren als soziale Tatbestände, an denen mindestens zwei Parteien (Einzelpersonen, Gruppen, Staaten etc.) beteiligt sind, die auf Unterschieden in sozialen Lagen und/oder auf Unterschieden in der Interessenkonstellation der Konfliktparteien beruhen". (Bonacker/Imbusch 2006: 69).

Die Konfliktdefinition lässt sich, unter Berücksichtigung der politisch-ideologischen Verortung Boals, auf dessen Konfliktverständnis übertragen.

> „Im Theater der Unterdrückten ist der Konflikt notwendig. Wenn du keine Konflikte eingehst und austrägst, wirst du bestimmte Konflikte nicht verändern. Konflikte eingehen im Sinne von verstehen, gegenseitiges Verständnis, Dialog zu suchen. Konflikte eingehen, um sich zu verstehen“[31] (Sarapeck 2011:Z.18 ff.).

Der Konflikt stößt nach Sarapeck eine wirkliche Veränderung an. Durch das TdU werden die Wahrnehmung und das Selbstbewusstsein gefördert, diese persönliche Veränderung bewirke eine Veränderung in der Gesellschaft.
Wie Dahrendorf, schreibt das TdU dem Konflikt also eine weitestgehend positive Rolle zu; wie für Marx und Engels soziale Konflikte „[...] zentrale vorwärtstreibende Elemente in der Geschichte“ sind, so sind sie es auch für den kommunistisch geprägten Boal (Bonacker/ Imbusch 2006: 77).
Der Begriff „chinesische Krise“ für Konflikt im Forumtheater verdeutlicht, dass in einem Konflikt ein Potenzial für Veränderung gesehen wird. So geht von ihm „Gefahr“ und „Gelegenheit“ aus, er kann Entwicklungen in verschiedene Richtungen anstoßen, hat positives wie negatives Potenzial. Das Konfliktverständnis von Boal spiegelt das dialektische Verhältnis von Konflikt als „Motor für sozialen Wandel“ und „Zerstörer sozialer Ordnung“ wie es Bonacker beschreibt (vgl. Bonacker 1996: 16). Im Umgang mit der Unvermeidbarkeit von Konflikten sei es nach Santos besser, “[...] wir lernen mit seiner Existenz umzugehen, ihn als lebenswichtige Übung zu betrachten, als Überlebenstechnik, als Übung für gutes Zusammenleben“[32] (Santos 2008: 109). Durch das negative gesellschaftliche Verständnis, in dem Konflikte möglichst verhindert werden sollen und negiert werden, kann dadurch ein „künstlicher Frieden“ vorherrschen, der die Spannungen unterdrückt, anstatt sie zum Ausdruck zu bringen: „Spannungen, die in Unterwerfung oder Krankheiten umschlagen können, oder wahnhafte Verhaltensweise, hervorbringen können“[33] (Santos 2008: 109).

---

[31] Originalzitat: “No Teatro do Oprimido o conflito é necessário, se você não conflitar você não vai transformar determinadas situações. Conflitar no sentimento de entender, buscar entendimento, buscar dialogo. Conflitar para nos entende-nos” (Sarapeck 2011:Z. 18 ff.).

[32] Originalzitat: „[...] aprendessemos a lidar com sua existencia, considerando- o exercicio vital, técnica de sobrevivencia e de boa convivencia.“ (Santos 2008: 109).

[33] Originalzitat: „tensoes que podem ser transformados em submissão e/ ou doenças ou ainda explodir em attitudes desvairadas“ (Santos 2008: 109).

Wirklicher Frieden sollte nach Santos Verständnis eine Eroberung sein, Ergebnis von Aktivität und Interaktion.

Bonacker und Imbusch vertreten die Annahme, dass die Ursachen von Konflikten, unabhängig davon, auf welcher Ebene sie zum Ausdruck kommen, im Zusammenhang mit der Verfasstheit von Gesellschaften stehen. Sie beschreiben Gesellschaften als Strukturen von sozialer Ungleichheit, „[...] Macht- und Herrschaftszusammenhänge, die in unterschiedlichem Umfang und Ausmaß Ungerechtigkeit, Unterdrückung, Ausbeutung und Gewalt bewirken oder mit sich bringen" (ebd.: 74). Santos beschreibt Unterdrückung eng verbunden mit „Ungerechtigkeit, Machtungleichgewicht, Chancenungleichheit und fehlendem gleichberechtigten Zugang zu Ressourcen" (Santos 2010: 69). Boals Grundverständnis von sozialen Konflikten entspricht weitgehend dieser Beschreibung.

Das gesellschaftliche Ungleichgewicht bzw. die soziale Ungerechtigkeit drückt sich nach Boal in sozialen Konflikten aus. Der für Boal vorherrschende Konflikt einer ausbeuterischen (neo-)kapitalistischen Weltordnung spiegelt sich in Beziehungen von den Konfliktparteien Unterdrücker und Unterdrückte wieder, die (meist) verschiedenen sozialen Schichten - nach Boals kommunistischen Verständnis „Klassen" - angehören und konträre Interessen vertreten. Die Interessen der herrschenden, dominanten Klasse müssen in ihrer Logik den Interessen der Unterdrückten nach Boal diametral gegenüberstehen. Zum Machterhalt „müssen" diese ausbeuterisch und „unterdrückend" handeln, die Interessen der Anderen missachten oder verletzen (vgl. Britto 2010). Rodrigues verdeutlicht in ihren Ausführungen diesen Aspekt. Für sie ist der Ursprung von sozialen Konflikten in der extrem ungleichen Welt, unserer heutigen ausgrenzenden Gesellschaftsstruktur, die sich durch ungleiche Machtverhältnisse kennzeichnet, verankert. Bestimmte Personen genießen Vorteile dadurch, dass andere Nachteile erleiden müssen. In dieser Benachteiligung sei der Ursprung des sozialen Konflikts zu verorten (vgl. Rodrigues 2011:Z.12 ff.).

Bonacker und Imbusch unterscheiden vier Analyseebenen von Konflikten: Intrapersonale Konflikte von Individuen, interpersonale Konflikte zwischen zwei oder mehreren Individuen, innergesellschaftliche Konflikte und internationale Konflikte (vgl. Bonacker/Imbusch 2006: 69). Die verschiedenen Methoden des TdU setzen an jeder der vier Ebenen an. Die Improvisationen, Übungen und Spiele, vor allem aber die Methoden des „Regebogens der Wünsche", bearbeiten intrapersonale Konflikte. Laut Expertenmeinung sollten diese Konflikte auf der intrapersonalen Ebene bearbeitet werden, um Veränderungen auf den anderen Ebenen bewirken zu können. Das

Individuum als handelndes Subjekt, als Bürger und Teil der Gesellschaft, sollte sich von internalisierten Konflikten befreien, die ihren Ursprung in der Gesellschaft hätten. So stoße eine innere Konflikttransformation Transformationen auf anderen Ebenen an. Erst das von den internalisierten Konflikten befreite Individuum könne Transformationen auf anderen Ebenen voranbringen. Die Analyse, die Erkenntnis über die Verknüpfung der internalisierten Konflikte mit gesellschaftlichen Konflikten, diene der Transformation der selbigen. Auch die interpersonalen Konflikte lassen sich nur in mit Kenntnis der Systeme verstehen, in denen sie entstehen. Häufig blieben diese Systeme im Konflikt zwischen zwei Menschen unsichtbar, aber der Konflikt werde durch sie bestimmt.
Julian Boal führt folgende Beispiele. Die Beziehung zwischen Arbeitgeber und Arbeitnehmer könne nicht verstanden werden, wenn das kapitalistische System nicht verstanden werde; die Beziehung zwischen einem Weißen und einem Schwarzen könne nicht verstanden werden, wenn Rassismus negiert werde; die Beziehung von Mann und Frau könne nicht verstanden werden, ohne das Patriachat in Betracht zu nehmen (vgl. Boal, Julian 2010: 125 ff.).
„Weltanschauliche Systeme“ und „globale Verteilungskonflikte“ nennen Bonacker/Imbusch als Beispiele für Konflikte auf der Ebene der internationalen Konflikte. Ebenso benennen diese auch Konflikte auf der innergesellschaftlichen Ebene, wie „Minoritätenkonflikte“, „Kommunikationskonflikte“, „ökologische Konflikte“ (vgl. Bonacker/Imbusch 2006: 69 f.). Nach Boals Verständnis dringen diese in die intrapersonale und interpersonale Ebene vor. Die von Bonacker und Imbusch benannten Konflikte bilden sich in intrapersonalen und interpersonellen Konflikten ab, wo sie mit den Mitteln des TdU bearbeitet werden können. Im Forumtheater wird beispielsweise eine Konflikterfahrung eines Menschen aus dessen sozialen Leben dargestellt. Sie beinhaltet jedoch Konfliktelemente aus den anderen Ebenen und spiegelt die Konflikte in anderen Sphären wieder, da sich nach Boal die großen sozialen Themen in den kleinsten persönlichen Themen und Ereignissen niederschlagen würden (vgl. Boal 2006: 52).

> „Die kleinsten Zellen der Gesellschaft [...] und ebenso die kleinsten Ereignisse in unserem sozialen Leben [...]“, die in einer Forumszene theatralisch dargestellt werden können, „beinhalten alle moralischen und politischen Werte der Gesellschaft, all ihre Strukturen von Herrschaft, Macht und Unterdrückung“ (Boal 2006: 52).

Santos geht in ihren Ausführungen in Ergänzung dazu darauf ein, dass kein Konflikt global „geboren würde". Sie erläutert mögliche einflussnehmende Größen eines Konfliktes und nennt beispielhaft Erziehung, Kultur und Religion.

> „Häufiger als wir es uns vorstellen, schaffen kleine, aber potente Samen, die mittels Erziehung, kulturellen Traditionen, Religionen und anderen sozialen Erfahrungen in unsere Köpfe eingepflanzt werden, die Grundlage für große Konflikte"[34] (Santos 2008: 109).

Viele Konflikte nähren sich bzw. haben ihren Ursprung in ideologischen Grundannahmen, die in allen Systemen unterschiedlich stark wirken und unterschiedlich subtil manipulieren.

4.3.3. Konfliktanalyse im TdU

Im Folgenden soll aufgezeigt werden, durch welche Techniken und Methoden der klar gekennzeichnete und sichtbare Konfliktgegenstand eines Forumtheaters, dem eine individuelle Erfahrung zugrunde liegt, in den sozialen Kontext eingeordnet wird. Es wird skizziert, wie sich im TdU den Strategien der Konfliktparteien, den tieferliegenden Ursachen und Strukturen des Konfliktes angenähert wird.
Es soll die Aussage Sanctums, Curinga des CTO, vorangestellt werden, in der er ein wichtiges Charakteristikum des TdU schildert:

> „Wir machen kein „Teatro manequista", in dem das Gute und Böse dargestellt wird. Wir machen keine Stücke mit ausschließlich persönlichen Problemen. Was wichtig ist, ist, dass wir mit einem persönlichen Erlebnis zu arbeiten beginnen, aber von diesem individuellen Bezugspunkt muss die Situation, die Landkarte des Konfliktes untersucht und erforscht werden"[35] (Sanctum 2011: Z.73 ff.).

---

[34] Originalzitat: „Com mais frequencia do que imaginamos, os grandes conflitos estão alicercados em pequenas e potentes sementes plantadas nas cabeças dos envolvidos, por meio de educação, de tradições culturais e religiosas e de outras experiências sociais" (Santos in Antídoto 2008: 109).

[35] Originalzitat: „A gente não faz teatro maniqueísta: O bem e o mal. A gente não faz espetaculoso com problemas completamente particular.O que é importante: A gente parte no principio muito particular realmente. Com um problema seu, -mas deste ponto particular e necessário de pesquisar, investigar o mapa da situação" (Sanctum 2011: Z.73 ff.).

Es müsse der Frage nach den Ursachen des Konfliktes nachgegangen werden (welches sind die Gründe für das Verhalten der beiden Konfliktparteien?), ohne dabei die Unterdrückung zu rechtfertigen oder ohne auf eine ausschließlich psychologische Analyseebene abzudriften (vgl. Sanctum 2011: Z.75 ff.).

Wie bereits beschrieben wurde, dient die Ästhetisierung der Konfliktsituation zum Aufdecken von Konfliktursachen, die nicht gesehen werden. Die Ästhetisierung fördert die Auseinandersetzung mit dem Konfliktgegenstand mit dem „sensiblen Denken", der sensiblen Wahrnehmung (Boal: „pensamentento sensível"). Die Ästhetisierung regt eine Analyse an, indem „Bilder" für den Konflikt in der Wort,- Bild- und Tonsprache gefunden werden. Durch diese intensivierte Analyse mit verschiedenen ästhetischen Mitteln können tieferliegende Ursachen für den Konflikt, die nicht mit Worten erklärbar sind oder für die keine Worte gefunden werden, zum Ausdruck gebracht werden. Der Ausdruck der Konfliktsituation ohne Worte enthülle die Empfindung über diese. Durch die Ästhetisierung könne mehr Klarheit über den Konflikt gewonnen werden (vgl. Bendelack 2011: Z.116 ff.). Ebenso dienen die Übungen und Spiele, vor allem das Bildertheater, der Konfliktanalyse. Durch die De-Mechanisierung und den körperlichen Dialog ohne Worte können unterbewusste Mechanismen bzw. gelernte Verhaltensweisen gegenüber der anderen Konfliktpartei aufgedeckt werden. Als Beispiel könnte hier die Übung „Das Bild des nicht Gesagten"[36] angeführt werden. Durch die Beobachtung der Person, ihres Körperausdrucks, der Laute, die sie in dieser Übung ohne Worte produziert, lassen sich Aufschlüsse über ihre Beziehung zu sich selbst, sowie Rückschlüsse über Beziehung zu anderen schließen (vgl. Felix 2011: Z.127 ff.).

Die Kontextualisierung des Konfliktes, die wichtiger Bestandteil der Dramaturgie des Forumtheater ist und deren Funktion auch im entsprechenden Kapitel (siehe Kapitel 4.4.2.5) beschrieben wird, dient der Erforschung von Ursachen, historischen Bezüge sowie Bezügen zu sozialen Systemen und den darin wirksamen Mechanismen. Die Kontextualisierung gibt Aufschlüsse über den Ursprung, die Herkunft des Konfliktes. Dazu werden auch nicht-theatrale Methoden, Studien, Experten, Zeitungsanalysen usw. hinzugezogen. Diese Erforschung der Vergangenheit, unserer Geschichte und der Einflüsse und Folgen unseres Zusammenlebens sei bedeutend für

---

[36] Erklärung der Übung: Es geht in der Übung um die Dynamisierung eines Standbildes, indem eine Interaktion über die Kreation von Lauten, ein Dialog ohne Worte nur über verschiedene Lautvarianten erzielt wird.

die Analyse der Konfliktursachen, so Conceição (vgl. Conceição 2011: Z.245 ff.). Durch die Kontextualisierung werde nach Sanctum gezeigt, dass die dargestellte Situation nicht nur ein persönliches Problem und kein Einzelfall sei. Über die im Gruppenprozess stattfindende Analyse, die im Forumtheater besonders in der Szene der Kontextualisierung präsentiert wird, sollte im Dialog mit dem Publikum bei der Aufführung eines Forumstückes diese Analyse fortgesetzt werden. Es sollte eine Generalisierung des gezeigten Problems vorgenommen werden, indem der Konflikt gemeinsam mit dem Publikum auf eine andere Ebene übertragen wird. Das Stück, mit Unterstützung des Curingas, sollte Fragen aufwerfen, für die gemeinsam nach Antworten gesucht wird und gemeinsam versucht wird, herauszufinden, was sich hinter dem Konflikt verbirgt. Die Aufgabe des Curingas sei es, eine breitere Diskussion anzustoßen, um strukturelle Zusammenhänge aufzudecken (vgl. Sanctum 2011: Z.85 ff.).

> „Wir müssen von dem Einzelfall zum Allgemeinen kommen. Wir versuchen „Ascese“ zu machen: Wir fragen, wie sich das individuelle Problem in der Gesamtheit reproduziert, in der Gesellschaft? Warum? Das heißt, dass wir auf die Suche der „Warums“ gehen. Wir sind auf der Suche der Mechanismen von Unterdrückung, die existieren und danach, wie wir diese Unterdrückung abbauen (auseinandernehmen)“[37] (Bendelack 2011: Z.51 ff.).

Wie die „Kontextualisierung“ (erste Szene im Forumtheater) als Teil der Dramaturgie des Forumtheaters der Ursachenanalyse diene, trägt nach Bendelack auch die „Gegen-Vorbereitung“ (zweite Szene im Forumtheater) zur Konfliktanalyse bei. Mit der „Gegen-Vorbereitung“ werde in die Vergangenheit zurückgeschaut, es werde versucht, herauszufinden, wo der Wunsch des Protagonisten zu verorten sei und woher der Wunsch des Protagonisten nach Veränderung komme. Der Wunsch werde in dieser Szene gezeigt und auch, wie der Protagonist versucht, diesen zu realisieren, daran aber gehindert werde. Es gilt herauszufinden, was ihn davon abhält. An dieser Stelle tritt der Unterdrücker; von ihm gehe diese Verhinderung aus. Die Mechanis-

---

[37] Originalzitat: “Nos temos que sair do caso particular no geral. Nos procuramos fazer ascese: Como aquele problema individual se reproduz no geral,na sociedade? E porque? Então nos vamos em busca dos “porquês”. Nos somos em buscas das mecânismos de opressão que existem e como desarmar estes mecânismos de opressão” (Bendelack 2011:Z.51 ff.).

men und die Verhaltensweisen des Unterdrückers werden in dieser Szene identifiziert und analysiert. Es wird geklärt, wie er sich verhält und wie er die Realisierung des Wunsches des Unterdrückten verhindert. Die Szene helfe dabei, den Unterdrücker in seinen verschiedenen Facetten und Nuancen besser kennenzulernen (vgl. Bendelack 2011: Z.94 ff.).

Als Vorbereitung für das Forumtheater im CTO in Rio werden neben den beschriebenen Analyseverfahren, insbesondere in langfristigen und intensiven Gruppenarbeiten auch die Techniken des „Regebogens der Wünsche" angewendet, um tieferliegende Widersprüche und unterbewusste Prozesse zu erkennen. Mit Hilfe dieser Techniken könnten die Denkweisen, Annahmen und Ideologien, die dazu führen, dass diese Konfliktsituation ungelöst überdauert, bewusst gemacht werden. Rodrigues beschreibt die Konfliktanalyse, die durch die Techniken des Regenbogens der Wünsche durchgeführt würde, als eine Analyse subjektiver Elemente des Konfliktes, im Gegensatz zu der Analyse im Forumtheater, die eher objektiv sei. Es würde versucht, die gesellschaftlichen Denkweisen, Annahmen, und die Ideologien der beiden Konfliktparteien zu identifizieren. In diese Analyse würden Fragen in Bezug auf den Unterdrückten als auch den Unterdrücker nachgegangen, die wie folgt aussehen:

> „Wer sind die Polizisten im Kopf der Person, die dazu führen, dass dieser Mensch tatsächlich an das glaubt, was er tut? Oder in Bezug auf den Unterdrückten: Was hält den Menschen davon ab, eine Position einzunehmen, aus der er den Konflikt transformieren kann?"[38] (Rodrigues 2011: Z.64 ff.)

Durch diese Techniken lasse sich nach Felix der Moment ausmachen, in dem der Unterdrückte schweige, in dem er die Unterdrückung akzeptiere. Er würde versuchen herauszufinden, welche Menschen diese Reaktion in dem Menschen auslösen. Mit der Gruppe der „Marias do Brasil", einer Gruppe von Hausangestellten, auf die noch genauer eingegangen wird, habe Boal versucht, Bilder nachzustellen, um herauszufinden, wie der Unterdrückte den Unterdrücker sieht und umgekehrt. Es wurden Sichtweisen und Hindernisse identifiziert, die den Konflikt bestärkten. Diese Identifizierung der Ursprünge des Konfliktgegenstandes ist nach Felix eine der großen

---

[38] Originalzitat: "Quais são as tiras na cabeça daquela pessôa que fazem a pessôa realmente acreditar naquilo que ela esta fazendo. O pensando no lado do oprimido: O que impede aquela pessôa para tomar um posicionamento que possa transformar aquele conflito?" (Rodrigues 2011: Z.64ff).

Stärken des TdU. Durch das Hineintreten, Annehmen und Ausfüllen der Rolle des Unterdrückers durch den Unterdrückten könne dieser die inneren Diskurse seines Unterdrückers kennenlernen; er würde seine Logik und seine Denkweise kennenlernen. Wenn es dem Unterdrückten gelingt, diese zu verbalisieren, wenn es ihm gelingt, die Kohärenz des Unterdrückers zu durchschauen, würden die Hindernisse abgebaut bzw. verringert und ein Weg zur Konflikttransformation würde geebnet. Es könnte ein Verständnis dafür erreicht werden, wie die eine Konfliktpartei die andere sieht und wahrnimmt. Das Verständnis könnte durch eine andere Person real erfahrbar gemacht werden und nicht nur durch die Bilder (die Ansichten), die die einzelnen Parteien von der jeweils anderen entwickelt haben (vgl. Felix 2011: Z.122 ff.).

Boal unterscheidet verschiedene Probetechniken, die unterschiedliche Zielsetzungen haben. Unter dem Oberbegriff „Analytische Probe der Interessen" („Ensaio analítico de motivaçao") stellt er verschiedene Techniken vor, durch die die Komplexität der Motivation, die verschiedenen, auch sehr widersprüchlichen Überzeugungen und Emotionen der Figuren von den Schauspielern ausprobiert, dabei kennengelernt und erprobt werden (vgl. Boal 2004: 300 ff.). In dem Gruppenprozess werde versucht, so viel wie möglich über die beiden Konfliktparteien herauszufinden. Es sei nicht nur notwendig, „blinde Flecken", also unbewusste Annahmen der Unterdrückten, aufzudecken; es sei außerdem notwendig, zu verstehen, wer dieser Unterdrücker sei, von dem gesprochen wird. Es sei wichtig, herauszufinden, welche Ideologie der Unterdrücker vertrete. Dies ist als notwendige Voraussetzung zur Veränderung der Beziehung, der (Wieder-)Herstellung eines Dialogs, der Veränderung der Konfliktsituation zu verstehen.

Zum besseren Verständnis des Unterdrückers werde daher die Rolle des Unterdrückers vom Unterdrückten, in der Gemeinschaft der Gruppe, konstruiert. Aus den Nachforschungen über das Verhalten des Unterdrückten würden Rückschlüsse auf den Unterdrücker geschlossen (vgl. Simone 2011: Z.57 ff.). (Im Dialog mit dem Publikum besteht außerdem die Möglichkeit der „Korrektur" des dargestellten Antagonisten. Am CTO wird mir mit einem Beispiel erläutert, dass sich bei einer Aufführung eines Forumtheaters ein Zuschauer meldete, der sich offensichtlich mit dem Unterdrücker identifizierte, diesen gerne in der Szene „ersetzen" wollte, da er seiner Meinung nach anders agieren würde. Der Curinga ließ diese Intervention zu und suchte die Reflexion mit Bühne zum Zuschauerraum.)

4.4. Konkrete Konflikttransformation im Theater der Unterdrückten

4.4.1. Konflikttransformation intrapersonaler Konflikte durch die Techniken des Regenbogens der Wünsche

In der Darstellung des Konflikttransformationsverständnisses des TdU ist die Bedeutung der Transformation intrapersonaler Konflikte kurz skizziert worden. Im Konfliktverständnis des TdU basieren viele sichtbare Konflikte (interpersonale/relationale, strukturelle oder systemische Konflikte), die Gegenstand des Forumtheaters sein können, auf intrapersonalen Konflikten.

Zur Bearbeitung dieser intrapersonalen Konflikte entwickelte Boal zusammen mit seiner Frau Cecilia Boal, einer Psychoanalytikerin, im europäischen Exil verschiedene introspektive und prospektive Techniken. Die prospektiven Techniken, auch "untersuchende" Techniken genannt, dienen der Analyse der Strukturen zwischenmenschlicher Beziehungen und gesellschaftlicher Erwartungen; die introspektiven Methoden zielen auf die Identifikation und Transformation innerer Blockaden und Konflikte eines Einzelnen ab. Beide Techniken werden in einer Gruppe angewendet. Boal geht davon aus, dass innere Konflikte und innere Widersprüche auf Werte und Normen zurückzuführen sind, die tief im jeweiligen Gesellschaftssystem verankert sind und durch diese vermittelt werden. „Die Polizisten sind im Kopf, aber die Kasernen sind außerhalb/draußen“[39] (Boal zitiert in Neuroth 1994: 69). Die drei oben beschriebenen Begriffe „Osmose", „Metaxis" und „analoge Induktion", die für die Beziehung und wechselseitige Bedingung von Meso- und Markoebenen stehen, wurden zu fundamentalen Hypothesen des TdU. Sie wurden im Zusammenhang mit den introspektiven Techniken der "Polizisten im Kopf" entwickelt. Staffler beschreibt die "Polizisten im Kopf" als verinnerlichte Autoritäten, die in bestimmten Situationen verhindern würden, das zu tun, was man machen möchte, oder einen zwingen würden, das zu tun, was man nicht möchte. Die von ihm benannten inneren Stimmen, die Ge- oder Verbote verhängen, kämen von außen und könnten mit bestimmten Personen oder Institutionen assoziiert werden (vgl. Staffler 2009: 107).

---

[39] Originalzitat: „ Les flics sont dans la tete, mais les casernes sont a l´exterieur." (Boal zitiert in Neuroth 1994: 69)

> “Indem die Polizisten in Kopf und Körper durch prospektive und introspektive Techniken dargestellt und damit sichtbar gemacht werden, wird auch der zweite Schritt möglich und notwendig: Die kollektive Aktion zur Bekämpfung der Polizeizentralen, also der sozialen, politischen und ökonomischen Unterdrückung“ (Haug 2005: 59).

Dem Verständnis der Wechselseitigkeit der verschiedenen Ebenen entsprechend und dem Ziel des TdU nach, gesellschaftliche Transformationen zu erreichen, folgt in der Praxis des CTO auf die individuelle Exploration durch die Techniken des „Regenbogens der Wünsche“ die Erarbeitung einer Forumsszene.
Nach Einschätzung der Curingas des CTO lasse sich eine Konflikttransformation nur erreichen, wenn auf die intrapersonale Ebene eingegangen würde. Zunächst müsste eine Transformation auf dieser Ebene angestoßen werden, sie sei Grundvoraussetzung für Veränderungen auf anderen Ebenen (Sarapeck 2011 u. a.). “Würden die Menschen nicht von ihrer verinnerlichten Unterdrückung befreit, so wären sie auch nicht in der Lage, im politischen Kampf um die Befreiung von Unterdrückung zu handeln” so Neuroth, die sich auf Aussagen Boals während seines Vortrags 1991 in Gießen bezieht (Neuroth 1994: 69).

4.4.2. Konflikttransformation sozialer Konflikte durch das Forumtheater

Dieses Kapitel zielt darauf ab, das konflikttransformative Potenzial des Forumtheaters zu verdeutlichen. Dieser Methode wird in dieser Studie ein besonders großer Raum gegeben, es wird sehr detailliert vorgestellt und analysiert, da sie im Zentrum des Baumes des Theaters der Unterdrückten im bildlichen, aber auch im übertragenen Sinne im Zentrum der Arbeit des CTO steht. Das Forumtheater ist die weltweit verbreitetste Methode des TdU. Sie ist für diese Studie hinsichtlich der konflikttransformativen Perspektive, aus der das TdU betrachtet wird, besonders relevant.
In der praktischen Anwendung der Methoden des TdU am CTO folgt auf die Spiele und Übungen im Gruppenprozess die Anwendung der Techniken des „Regenbogens der Wünsche“. Die „Kasernen“, die in der Gesellschaft verankerten Auslöser der internalisierten Konflikte, werden identifiziert und dann mit der Forumtheater-Methode bearbeitet. Auf das Forumtheater kann das legislative Theater folgen (siehe Kapitel 4.4.3)

Im Folgenden werden das Forumtheater, die Eigenschaften und das konfliktransformative Potential der einzelnen Elemente des Ästhetischen Raumes sowie die Funktion des Curingas, dem intermediären Vermittler zwischen Bühne und Zuschauerraum, beschrieben. Im zweiten Schritt werden der Ablauf der Erarbeitungsphase einer Forumsszene und die Dramaturgie des Forumtheaters dargestellt.

Ziel des Forumtheaters ist es, „den realen Konflikt darzulegen, jenseits der oberflächlichen Erscheinung des Problems die Gründe und Interessen zu verstehen und Alternativen durch den theatralen Dialog zu erforschen“[40] (Santos 2008: 116).

Gegenstand des Forumtheaters ist ein real existierender, ungelöster Konflikt, der durch die Improvisation von Handlungsmöglichkeiten transformiert werden soll. Zentrales Merkmal dieser Methode ist die Aufhebung der Trennlinien zwischen Schauspieler und Zuschauer. Der Zuschauer kann bei der Aufführung des Forumtheaters aktiv intervenieren. Er wird als “Zu-Schauspieler” verstanden, der selbst in die Szene eintritt, einen Schauspieler ersetzt und seine Alternative zu dem Konflikt im ästhetischen Raum erprobt. “Es werden keine Ideen suggeriert. Der Zu-Schauspieler erhält vielmehr die Gelegenheit, eine eigene Idee kritisch zu überprüfen und sie versuchsweise in die Praxis, die Theaterpraxis umzusetzen” (Boal 1989: 58). Es gibt also keine Restriktionen, die einzelnen Alternativen werden nicht bewertet, aber diskutiert. Wenn ein Zu-Schauspieler die Überwindung des Konfliktes in der “Auslöschung” der anderen Konfliktpartei sieht, erhält er die Möglichkeit, diese Idee im ästhetischen Raum, in der Fiktion zu erfahren. Der Curinga, eine Person, die eine intermediäre Funktion zwischen Bühne und Schauspielraum innehat, wird einen Diskurs über die dargestellte Lösungsalternative anregen. Der Curinga wird die Frage in den Raum geben, ob dieser Konflikt gelöst sei, welches die Konsequenzen dieser Lösungsalternative seien und ob dieser Konflikt langfristig und nachhaltig gelöst sei. „Im Forumtheater sind die Probleme in Fragen transformiert, die mittels der Intervention der Zuschauspieler beantwortet werden“[41] (Santos 2008: 115).

Dieses Beispiel soll verdeutlichen, dass das Forumtheater einen diskursiven und antiautoritären interaktiven Raum anbietet, einen Raum der Begegnung, in dem Refle-

---

[40] Originalzitat: “O objetico é explicitar o conflito real, ir além das aparencias superficias do problema, entender as causas e as motivações e investigar as alternativas, por meio de diálogo teatral” (Santos 2008: 116).

[41] Originalzitat: „No Teatro-Forum, os problemas são transformados em preguntas, as quais serão respondidas por meio de intervençao dos espectadores” (Santos 2008: 115).

xionen angestoßen werden, der Bewusstwerdungsprozesse über Unterdrückungsmechanismen anregt, in dem Konfliktalternativen erprobt werden und somit Handlungsspielräume erweitert werden können. Reich hat sich mit der friedensbildenden Kraft interaktiver Theaterräume befasst und beschreibt Forumtheater außerdem als Methode der Wissensgenerierung, die durch die Erweiterung der Handlungsspielräume der Betroffenen friedensbildendes Potenzial habe (vgl. Reich 2010: 40).

4.4.2.1. Der Ästhetische Raum

Der Ästhetische Raum, der durch das Forumtheater entsteht und den das Forumtheater kreiert und offeriert „[...] kann also zugleich Schutzzone und Ausgangspunkt sein für die kreative Bearbeitung und Diskussion individuell oder auch sozial bedeutsamer Konflikte" (Weintz 2006: 15). Forumtheater kann überall passieren und so kann der ästhetische Raum durch eine Plane oder gegenständliche Markierung in einem öffentlichen Raum entstehen, aber auch auf einer Bühne in einem Theatersaal. Dem ästhetischen Raum werden drei wissensgenerierende Eigenschaften zugeschrieben. Er sei plastisch, diene der Erprobung von Erinnerung und Imagination; er sei dichotomisch, diene der Doppelung und damit der Selbstbetrachtung und Reflexion; außerdem sei er telemikroskopisch (vgl. Boal 2006: 42). Diese Zuschreibungen werden im Folgenden näher erläutert.
„Dem Ästhetischen Raum wird die Eigenschaft eines Vergrößerungsglases unterstellt. Was bei normalem Hinsehen nicht erfasst werden kann, wird erkenntlich gemacht und hervorgehoben" (Neuroth 1994: 35). Ihm wohnt eine „telemikroskopische" Funktion inne. Boal wählte diesen Begriff, da er dem ästhetischen Raum die Eigenschaften eines Teleskops (das Heranzoomen) sowie eines Mikroskops (das Vergrößern) zuschreibt (vgl. Staffler 2009: 58). In Boals Verständnis kann das Teleskop einzelne Situationen unter das Brennglas nehmen, es holt Vergessenes oder Unbewusstes hervor. Das Mikroskop lässt eine globale Einordnung zu und ermöglicht es, den Kontext in den Blick zu nehmen. Der ästhetische Raum ist ein Raum im Raum, der formal nur durch seine Definition besteht. Er wird von Boal als plastisch und formbar beschrieben, er setzt Erinnerungs- und Vorstellungskraft frei. In ihn können subjektive Erinnerungen, Wünsche oder Vorstellungen projiziert werden (vgl. Boal 2006: 34 f.). Die Möglichkeit der Dehnbarkeit von Zeit und Raum, der Verwandlungskraft von Mensch und Objekt trägt ein erhebliches transformatives Po-

tenzial in sich. So können in ihm Geschehnisse der Vergangenheit sowie zukunftsbezogene Vorstellungen dargestellt werden. Es besteht die Möglichkeit, Vergangenes zu reflektieren und in der Gegenwart, in einem geschützten Raum, Handlungsalternativen für die Zukunft zu erproben. Derjenige, dessen Konflikt mit den Techniken des TdU bearbeitet wird, kann seine eigene Rolle, aber auch andere Rollen annehmen; aus dem Stück heraustreten und andere bei der Improvisation ihrer eigenen Rolle beobachten. Die Möglichkeit, verschiedene Rollen und damit verschiedene Perspektiven einzunehmen, regt eine Reflektion über Verhaltensweisen, Handlungen und Einstellungen an und führt zu einer intensiven Auseinandersetzung mit der anderen Konfliktpartei und dem Konfliktgegenstand. Durch die Retrospektive können Konfliktursachen identifiziert und analysiert werden, durch die Zukunftsperspektive Lösungen für den Konflikt erarbeitet werden.

Im Ästhetischen Raum wirkt ein dichotomischer Effekt der zwei „ICHs": „Dem „ICH", das in der Szene lebt und dem „ICH", das die Szene wiedererzählt" (Boal 2006: 39). Auf der Bühne ist der Mensch er selbst und zugleich die Charaktere, die er spielt. Der Protagonist muss sich entscheiden, wer er ist, da er von sich spricht, sich im Raum, im Verhältnis zu anderen, zu dem Konflikt positioniert. Diese Reflexion über die eigene Person, Identifikation und das Verhältnis zu anderen wird durch die Mobilität in Zeit und Raum ermöglicht.

> „Auf der Bühne lenken wir die Aufmerksamkeit auch auf uns selbst. Der Protagonist agiert und beobachtet sich selbst in Aktion, zeigt sich und beobachtet sich selbst zeigend, spricht und hört auf das, was er selbst sagt" (Boal 2006: 40).

Sarapeck, Curinga des CTO, sieht in der Möglichkeit, sich in Aktion zu beobachten, ein enormes transformatives Potenzial. Sie beschreibt dieses Potenzial mit der Metapher des Spiegels, die Shakespeare für das Theater verwendet hat und Boal weiterentwickelte. Der ästhetische Raum funktioniere wie ein Spiegel, in dem man sich von außen sehen kann, in den man hineintreten kann, um das Spiegelbild zu verändern.

Wenn man sich selbst sehen könne, könne man auch eine Möglichkeit der Veränderung erkennen, so Sarapeck. Forumtheater berge das Potential, sein Leben erneut zu „betreten" und zu erkennen, dass es anders sein könnte. In der Möglichkeit, sich selbst aus Distanz und einer anderen Perspektive zu sehen, steckt das Potential, bisher unentdeckte und ungekannte Möglichkeiten zu erkennen. Im ästhetischen Raum

könne das eigene Leben „besucht" werden; etwas, das in der Wirklichkeit erlebt wurde, erneut erlebt werden (vgl. Sarapeck 2011: Z.45 ff.). Außerdem kann beobachtet werden, wie andere uns wahrnehmen.
Sanctum führt an, dass diese Möglichkeit der Schaffung eines Bildes, welches im ästhetischen Raum verändert werden kann und für sich real sei, den Glauben an die Veränderung in der realen Wirklichkeit hervorbringe. Diese Möglichkeit schaffe ein Selbstvertrauen, eine Kraft, einen Anstoß zur Transformation der Wirklichkeit in der Zukunft (vgl. Sanctum 2011: Z.155 ff.).
Der Ästhetische Raum dient der Bewusstwerdung, der Erkenntnis und der Reflexion über Beziehungen, Strukturen und Handlungsweisen. Er ist „Raum" für emotionale Erinnerung und Imagination, Reflexion und Probe der Transformation. Besonders in Konflikten, deren Ursprung und Ursache dem Protagonisten unbekannt oder unbewusst sind, kann die „enthüllende" Kraft des ästhetischen Raums besonders wirksam sein. Die Bewusstwerdung und der Wissenserwerb sind Grundvoraussetzungen einer Veränderung, sie können zur Lösung des Konfliktes beitragen. Der ästhetische Raum mit seinen spezifischen Eigenschaften, der Möglichkeit des Wiedererlebens eines Konfliktes in verschiedenen Rollen und zeitlichen Dimensionen in ihm, dient der Konfliktanalyse und der Transformation. Der Ästhetische Raum ist ein Vergrößerungsspiegel, der vorgetäuschte, unbewusste oder versteckte Verhaltensweisen aufdeckt"[42] (Boal 2005: 21).

4.4.2.2. Der Curinga des TdU als Konflikt-Facilitator

Der im Brasilianischen verwendete Begriff „Curinga" bedeutet wörtlich übersetzt „Joker". „Curinga ist der Name, dem wir dem Meister der Zeremonie des Forumtheaters gaben"[43] (Boal 2004: 330). Curinga ist kein durch das TdU geschützter Begriff, es ist die Bezeichnung für den „Spezialisten" des TdU, der die Methoden und Techniken des TdU verinnerlicht hat und diese mit Gruppen anwendet. Er gibt dieses Wissen weiter, bildet Multiplikatoren aus und befindet sich im fortwährenden Lernprozess durch Lehren und Lernen im Austausch mit der Gruppe. Wie im Methodenteil skizziert, wird diese Studie mit dem „Expertenwissen" der von Boal am CTO

---

[42] Originalzitat: „O Espaço Estético é um Espelho de Aumento que revela comportamentos dissimulados, inconscientes ou ocultos" (Boal 2005: 31)

[43] Originalzitat: „Curinga é o nome que damos ao mestre-de-cerimonias do espetaculo-forum" (Boal 2004: 330).

„ausgebildeten“ Curingas bereichert. Da dem Curinga eine zentrale Rolle im Transformationsprozess des Forumtheaters zukommt, wird er auch als „(Konflikt-)Facilitator“ wahrgenommen und im Folgenden als solcher benannt (vgl. Sarapeck 2011: 125ff)[44]. Er begleitet den dialogischen Transformationsprozess und sucht kollektiv nach alternativen Lösungen, um den Konflikt zu überwinden.
Dem Curinga kommt die Aufgabe zu, eine Analyse über die improvisierten Handlungsalternativen anzuregen. Er versucht die Durchführbarkeit der Idee in der Realität zu hinterfragen. Er sollte aufmerksam sein, wenn „magische“ (nicht realistische, utopische) Lösungen gezeigt werden (vgl. Boal 2004: 331). Das Forumtheater an sich, wie auch der Curinga, bieten keine Antworten an, sie wollen nicht lehren, welche Alternativen durchführbar oder gar angemessen sind, sie wollen eine aktive Diskussion anregen im demokratischen und positiven Sinne, damit die Menschen ihre eigenen Schlüsse ziehen (vgl. Santos 2008: 116). Boal beschreibt, dass der Curinga kein Referent sei, er sei niemand, der die Wahrheit kennt oder für sich einnimmt (Boal 2004: 33). Simone, Curinga des CTO stellt fest, dass der Curinga kein Lehrer sein dürfe; es sollte jemand sein, der die Reflexion sucht, der zum Nachdenken und Reflektieren anregt, der gemeinsam mit Bühne und Zuschauerraum einen Austausch von Ideen und eine Vertiefung des Wissens initiiert (vgl. Simone 2011: Z.157 f.).

> „Es ist wahr, dass der Curinga, beispielsweise in einer Forumtheater-Aufführung, seine Neutralität bewahren soll und nicht versuchen soll, seine eigenen Ideen durchzusetzen[...] dies jedoch erst, nachdem er seinen Arbeitsort ausgewählt hat. Seine Neutralität ist ein verantwortlicher Akt und kommt erst ins Spiel, wenn er seine Wahl getroffen hat“[45] (Boal 2005: 26).

Andere Curinga des CTO beschreiben ihre Aufgabe und Rolle wie folgt: Der Curinga sei die Person, die mit einer Gruppe arbeitet. Er begleitete die Erarbeitung und Aufführung einer Forumsszene. Conceição vergleicht seine Funktion mit der eines Me-

---

[44] Erklärung Begriffsverwendung: In dieser Arbeit werden angelehnt an das Begriffsverständnis von Lederach die Begriffe „Konflikt-Facilitator“ und „Curinga“ synonym verwendet, da diese die Aufgabe übernehmen, Konflikttransformationprozesse zu begleiten.

[45] Originalzitat: „E verdade que o Curinga em uma sesscao de Teatro Forum, por exemplo deve manter sua neutralidade e não tentar impor suas proprias ideias, porem so depois ter escolhido seu campo” (Boal, 2005: 26).

diators. Er vermittle zwischen Bühne und Zuschauerraum, er katalysiere die Interventionen der Zu-Schauspieler und stelle die nötigen Fragen, um einen echten Dialog zu stimulieren. Er rege die Diskussion und damit die Transformation des Konfliktes an (vgl. Conceição 2011: Z.219 ff.). So wie Boal den Curinga als neutral oder Conceição ihn in der Funktion eines Mediators beschreiben, schildert Felix ihn als unparteilich. Er solle den Zuschauern zuhören und Interventionen zulassen, auch wenn er persönlich gegen das sei, was gesagt oder improvisiert werde. Er stimuliere und eröffne den Dialog und diskutiere die Konsequenzen der gezeigten Intervention. Durch die Diskussion werde ein Prozess der Bewusstseinsbildung angeregt (vgl. Felix 2011: Z. 200 ff.). Sanctum erklärt, dass der Curinga den Unterdrückten dahin begleite, den Weg zu finden, den er selbst als den besten empfinde, um den Konflikt zu transformieren. Er unterstütze die Gruppe mit den Methoden des TdU, um dort anzukommen, wo sie hin wolle (vgl. Sanctum 2011: 205 ff.).

4.4.2.3. Dialog im Forumtheater

Der Dialog ist ein wiederkehrendes Element aller Methoden und Techniken Boals. Im Forumtheater ist Dialog zentrales Prinzip und gleichzeitig Ziel und Voraussetzung für die Konflikttransformation.

> "Für uns ist der Dialog die Basis des Theater der Unterdrückten. Um aus einem Konflikt herauszukommen, ist es notwendig, einen Dialog zu führen. Das Theater arbeitet in Konfliktgebieten, wo sie diesen Dialog hinträgt. Diesen Dialog im Sinne von Verstehen. Ich möchte dich verstehen, also brauche ich den Dialog, um dich zu verstehen"[46] (Sarapeck 2011: 92 ff.).

Das Forumtheater, welches auch „Dialog-Theater" genannt werden könnte und als „diskursiver Raum" beschrieben wird, zielt auf (Wieder-)Herstellung des Dialoges ab (vgl. Santos 2008: 114, Dirnstorfer 2006: 26). Dialog meint in diesem Fall den Dialog zwischen Bühne und Zuschauerraum sowie zwischen Unterdrücker und Unterdrückten.

---

[46] Originalzitat: „Para nos o dialogo é a base do TO. Para que você consegui de sair dum conflito você precisa dialogar. O teatro vai trabalhar em áreas de conflitos em que você pode trazer este dialogo. Este dialogo no sentido de entendimento. E quero me entender com você. Eu preciso dialogar com você para entender" (Sarapeck 2011:Z.92 ff.).

Rodrigues erklärt, dass das TdU immer die Mäeutik [im Sinne der sokratischen Methode, durch die versucht wird, zum Teil Unbewusstes im Gesprächspartner hervorzulocken] im Prozess des Dialoges suche:

> „Wir suchen immer die Mäeutik in diesem Prozess des Dialogs. Es wird versucht, über die Fragen ein Wissen zu konstruieren. Wenn ich Curinga bin, werde ich nicht sagen: „Das ist richtig". Wir suchen diesen Dialog mit dem Zuschauerraum über die Mäeutik. Wir fragen die Zuschauer, was sie von der gezeigten Situation halten. Über diese Fragen konstruieren wir Wissen und eine Reflexion"[47] (Rodrigues 2011: Z.176 ff.).

Santos vertritt die Annahme, dass Konflikte genährt würden von Intoleranz, die wiederum gestärkt würde von der Unfähigkeit, mit anderen in den Dialog zu treten. Sie versteht den Dialog nicht nur als „sich ausdrücken", sondern als die Fähigkeit, den Anderen „zu hören" und zu sehen, im Sinne von sich selbst und andere wahrzunehmen. Es geht ihr dabei um die sensible Bereitschaft, sich auf die Emotionen des Anderen einzulassen, die Ideen des Anderen zu analysieren und seine eigene Position zu überdenken bzw. zu verändern. Dialog sei nicht möglich, wenn eine oder beide Konfliktparteien konstatieren und insistieren würden, Recht zu haben und einen Anspruch auf die Wirklichkeit erheben würden. Es gehe im Dialog um beidseitiges Verständnis, um die Lösung von Problemen; der Dialog wird von Santos als adäquates „Gegengift" zum Konflikt bezeichnet (vgl. Santos 2008: 113).

In der Grundsatzerklärung der „International Theatre of the Oppressed Organisation" (ITO) wird hinsichtlich des Dialogverständnisses des TdU folgendes festgeschrieben:

> „Das Theater der Unterdrückten basiert auf dem Prinzip, dass jede menschliche Beziehung dialogischer Natur sein sollte. [...] In der Realität tendieren alle Dialoge dazu, sich in Monologe zu verwandeln, was zur Beziehung Unterdrücker und Unterdrückte führt. Diese Realität anerkennend, ist das Hauptprinzip des Theaters der

[47] Originalzitat: „A gente busca sempre a maieutica neste processo de dialogo. Você busca atraves das preguntas construir um conhecimento. Na curingagem eu não vou falar "isto é certo". A gente busca este dialogo com a plateia apartir da maeutica: O que Vocês acham daquela situacao? Apartir deste estabelecimento destas preguntas construir um conhecimento, alguma refleção" (Rodrigues 2011: Z.176 ff.).

Unterdrückten die Wiederherstellung des Dialogs unter den Menschen“ (ITO 2011).

Britto erklärt entsprechend der Grundsatzerklärung, dass unsere Gesellschaft auf Monologen aufgebaut sei. Er führt folgende Beispiele an: Der Monolog zwischen den Klassen, zwischen dem globalen Süden und dem Norden, zwischen Weißen und Schwarzen sowie zwischen Mann und Frau. Zur Herstellung eines Dialoges zwischen Unterdrücker und Unterdrückten bedarf es nach Britto der Aufhebung grundlegend ungleicher Bedingungen (vgl. Britto 2011:Z.97 ff.).

4.4.2.4. Entstehung einer Forumtheaterszene

Im fortgeschrittenen Gruppenprozess werden die Gruppenmitglieder nach einer Konflikt- oder Unterdrückungssituation befragt, die sie selbst erlebt haben. Die einzelnen Gruppenmitglieder tauschen sich über diese Erlebnisse aus. Es wird ein Konflikt, der Ausgangspunkt des Forumtheaters sein wird, ausgewählt, mit dem sich die meisten Gruppenmitglieder identifizieren können und den sie gemeinsam mit ästhetischen Mitteln bearbeiten wollen. Der Konflikt muss relevant für die Gruppe sein, in der Gruppe muss ein Wunsch und eine Notwendigkeit gesehen werden, diese Konfliktsituation in der Realität zu verändern.

4.4.2.5. Dramaturgie des Forumtheaters

Gegenstand des Forumtheaters kann ein antagonischer oder nicht-antagonischer Konflikt, der eine noch offene Frage präsentiert (siehe Kapitel 4.3.2). Es sollte ein klarer und relevanter Konflikt sein, der einen Wunsch und eine Notwendigkeit zum Ausdruck bringt, diesen in der Realität zu bearbeiten. Der Protagonist, der Unterdrückte, sei nach Auffassung der Curinga Simone nicht zu verwechseln mit einem „Deprimierten“, mit einem „Opfer“, dass seine Situation angenommen habe und nicht den Wunsch nach Veränderung in sich trage. Die Motivation des Unterdrückten für diese Veränderung zu „kämpfen“, müsse zu Beginn des Forumtheaters deutlich werden. Der Protagonist müsse sich als Kämpfer darstellen, bevor er am Höhepunkt der Modellszene letztlich scheitert. Das Stück sollte so angelegt sein, dass es trotz des Misserfolges des Protagonisten Möglichkeiten zur Veränderung gibt. So genannte „Alliierte“ des Unterdrückten, die zu Beginn des Stückes eingeführt werden, können von den Zu-Schauspielern herangezogen werden, um die Transformation der Konfliktsituation zu unterstützen (vgl. Simone, Workshop „Einführung in das TdU"; CTO, April 2011).

Dramaturgischer Aufbau eines Forumtheaterstückes

Das Forumtheater beginnt mit der ersten Szene, der so genannten „Kontextualisierung" (Contextualização). Die Kontextualisierung stellt eine „ästhetische Herausforderung" sowie eine „politische Notwendigkeit" dar, sie wurde von Boal auch als „Ascese" beschrieben. Es sei fundamental für eine Forumszene, den größeren Zusammenhang des Konfliktes, die dem Konflikt zugrunde liegenden sozialen und/oder politischen Missstände aufzuzeigen (vgl. Santos 2010: 70).
Die zweite Szene eines Forumstückes wird „Gegen-Vorbereitung" (Contra-Preparação) genannt. Dies ist der Moment, in dem gezeigt werde, dass der Protagonist Hoffnung habe und dass er Vertrauen in seine Kapazität habe, das zu erreichen, was er sich wünsche. Die Gegen-Vorbereitung zeige die Berechtigung der inszenierten Situation und diene dem Zu-Schauspieler, sich mit dem Kampf des Unterdrückten zu identifizieren, als notwendige Voraussetzung der Aktivierung der Zu-Schauspieler. Im dramaturgischen Verlauf solle mit Objektivität herausgearbeitet werden, welche Strategien der Protagonist betreibe, um seine Ziele zu verfolgen und seinen Wunsch zu realisieren.
Das Forumtheater erreicht seinen Höhepunkt in der „chinesischen Krise". Der Moment der chinesischen Krise beinhaltet zwei Elemente: Die Gefahr sowie die Gelegenheit bzw. Chance. In der Modellszene scheitert der Protagonist an diesem (Höhe-)Punkt. Sein Scheitern ist notwendig, um die Reflexion und letztlich die Aktion der Zu-Schauspieler zu stimulieren. Durch Identifikation, sei es durch Analogie oder Solidarität der Zu-Schauspieler, könne im Dialog gemeinsam nach Handlungsalternativen gesucht werden (vgl. Santos 2010: 70 f.).

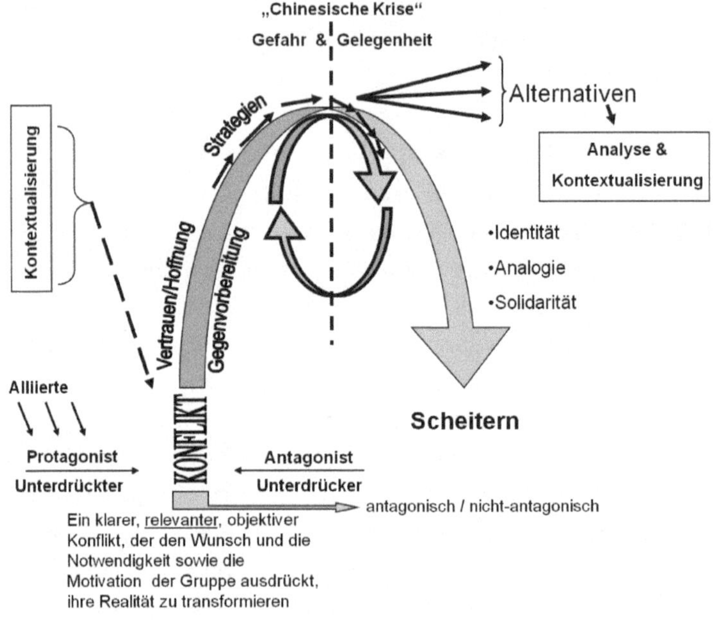

Abbildung 6: Dramaturgie eines Forumtheaterstückes nach Santos 2010 (modifiziert)

4.4.2.6. Ablauf einer öffentlichen Forumtheateraufführung

Eine Forumtheateraufführung, die der oben beschriebenen Dramaturgie folgt, beginnt mit der Begrüßung der Zuschauer und einer kurzen Erklärung über Hintergrund und Absicht des vorzuführenden Stückes sowie über die Regeln des Forumtheaters durch den Curinga. Um die Zuschauer zu „aktivieren“ und auf ihre Möglichkeiten als Zu-Schauspieler vorzubereiten, werden einige Aufwärmübungen mit ihnen durchgeführt, bevor das erarbeitete Stück aufgeführt wird. Bei dieser ersten Aufführung des vorbereiteten Modells ist das Forumtheater vorerst nicht von einem konventionellen Theaterstück zu unterscheiden. Es endet im „Fracasso“ (Scheitern) des Protagonisten. An dieser Stelle kommt erneut die Funktion des Curingas bei der Aufführung ins Spiel. Er eröffnet den diskursiven Raum, fragt das Publikum, ob es eine solche Situation in der Realität geben könnte, ob der dargestellte Konflikt in der Realität bestünde und ob die Zuschauer (Zu-Schauspieler) eine ähnliche Situation von

sich selbst oder anderen kennen würden. In einem zweiten Schritt werden die Zuschauer gefragt, ob sie mit dem Ausgang des Stückes einverstanden seien.
Der Curinga erklärt, dass das Stück erneut gespielt wird und die Zu-Schauspieler nun eingeladen sind, den Konflikt zu verändern. Sie werden aufgefordert, eine bessere Lösung für die dargestellte Situation zu finden. Es wird dem Publikum erklärt, dass das Stück genauso wiederholt wird, bis jemand aus dem Publikum die Hand erhebt und damit das Stück zum Stoppen bringt. Der Zuschauer, der durch ein Stopp-Signal sein Unverständnis äußert, wird zum Zu-Schauspieler, er tritt in die Szene ein und ersetzt (normalerweise) den Protagonisten. Die anderen Schauspieler spielen das Stück noch einmal von der Stelle an, von der der Zu-Schauspieler wünscht, in Interaktion mit ihnen zu treten. Ihre Rollen sind nicht starr, sie handeln, agieren und reagieren auf die neue Intervention in Übereinstimmung ihrer „Ideologie". Sie haben aber den Freiraum, die Alternativen, wenn sie diese aus ihrer Rolle heraus beispielsweise als überzeugend empfinden, nachzugehen.
Ziel ist es, durch dieses Verfahren verschiedene Handlungsalternativen für die Überwindung der Konfliktsituation zu erproben (vgl. Boal 2004: 27 ff., Haug 2005: 60 ff.).

> „Der Schauspieler muss zum Aktivisten werden, von der Bühne auf die Straße gehen. Mein Vater sagte, dass das Forumtheater eine Probe für die Revolution oder Transformation sei, was bedeutet, dass es nicht in sich (nicht per se) die Transformation oder Revolution sei"[48] (Boal, Julian 2010: 126).

Boal selbst nennt das Forumtheater "Training, eine Probe, um sich zu stärken"[49] (Boal 2004: 33). Boal sieht in der Möglichkeit des Eingreifens, der Aktion in der Szene, die Voraussetzung, dies in der Wirklichkeit zu tun. Er sieht es als Training an, dass in der Fiktion des Theaters geprobt wird, um auch in der Wirklichkeit in Aktion zu treten. Aus dem Forumtheater sollten konkrete und kontinuierlich stattfindende soziale Aktionen erwachsen (vgl. Santos 2010: 71).

---

[48] Originalzitat: "O ator tem se tornar ativista, sair do palco e ir para a rua. Como dizia o meu pai, o Teatro Forum é um ensaio para a revolução ou a transformação, o que significa que ele não é a transformação ou a revolução em si" (Boal, Julian 2010: 126).

[49] Originalzitat: „Treino, um ensaio, uma forma de se fortalecer" (Boal 2004: 33).

4.4.3. Konflikttransformation von Konflikten auf legislativer Ebene

> „Die Unterdrückung ist eine Tatsache, und sie ist fast immer im Gesetz verankert" (Boal 1989: 117).

Um diese Unterdrückung zu überwinden, transformiert das Theater der Unterdrückten daher nicht nur den passiven Zuschauer in einen Zu-Schauspieler, sondern im legislativen Theater den Bürger in einen Gesetzgeber.

> „Legislatives Theater ist mehr als die Probe der Veränderung, [...], [es] [...] strebt die Transformation politisch-struktureller Rahmenbedingungen an" (Baumann 2006: 23).

Wenn die Konflikttransformation im Forumtheater an ihre Grenzen stößt, wenn die Handlungsalternativen erschöpft sind und sich im Dialog von Bühne und Zuschauerraum bei einer Forumtheater-Aufführung herausstellt, dass eine Konflikttransformation nicht erreicht werden kann, da bestimmte rechtliche Barrieren dieser im Wege stehen, kann mit dem „Legislativen Theater" Boals weitergearbeitet werden. Es zielt darauf ab, Veränderungen auf legislativer Ebene zu erreichen. Durch Gesetzesänderungen oder erfolgreiche Gesetzesinitiativen, die appliziert und angewendet werden, können strukturelle Konflikte (deren Auswüchse in andere Ebenen wirksam werden) auf rechtlicher Ebene verändert werden. „Legislatives Theater ist ein aktiver Beitrag zur Demokratisierung der Politik und fördert die politische Partizipation der Betroffenen an Entscheidungsprozessen" (Haug 2005: 64).
Es soll gezeigt werden, wie dieser Transformationsprozess des Legislativen Theaters in der Praxis des CTO angewendet wird:
Das Legislative Theater schließt an eine Aufführung eines Forumtheaters an, zu der verschiedenste Vertreter der Zivilgesellschaft, möglichst auch Politiker und Rechtsexperten geladen sind, um mit den Schauspielern und Zu-Schauspielern Gesetze zu erarbeiten.
Der Aufführungsort wird symbolisch zu einem Parlament verwandelt, in dem alle aktiv mitwirken können. Es wird ein Gremium, eine sogenannte „Célula Metabolizadora" (dt. Stoffwechsel-Zelle) eingerichtet, bestehend aus einem Experten (in Hinsicht auf das Thema des Forumtheaters), einem Rechtsberater und einem Anwalt mit Erfahrungen auf dem Gebiet. Die „Célula Metababolizadora" nimmt die Funktion

ein, die Gesetzesvorschläge zu sammeln, zu analysieren und systematisieren sowie zu prüfen, ob die Gesetzesvorschläge schon als Gesetze bestehen. Noch nicht existierende Gesetzesvorschläge werden zur Diskussion und Abstimmung in das Publikum gegeben und in einem demokratischen Verfahren über den Gesetzesvorschlag entschieden. Wenn der Vorschlag mehrheitlich angenommen wird, ist es die Aufgabe des Gremiums, den Vorschlag in Gesetzessprache zu formulieren, um sie als konkrete Gesetzesinitiative einbringen zu können (vgl. CTO o.J.b).

In Brasilien wurden während Boals Mandatszeit im Stadtparlament Rio de Janeiros (1992-1996) mit Hilfe dieses Verfahrens Gesetze auf verschieden Regierungsebenen von Stadt- bis Bundesebene umgesetzt. Dies zeigt, dass das Theater der Unterdrückten ein Mittel direkter politischer Partizipation sein kann und dass durch diese Methode im demokratischen Prozess strukturelle Veränderungen erreicht werden können.

4.4.4. Konkrete und kontinuierliche Aktionen

> „Theater der Unterdrückten ist nicht nur Theater. Theater der Unterdrückten ist eine politische Bewegung. Es ist ein Werkzeug, um soziale Transformationen über Kunst zu erreichen“[50] (Sanctum 2011:Z. 219 ff.).

Nach Boal endet das Theater der Unterdrückten nicht mit der Aufführung eines Forumtheaters; es endet auch nicht mit der Kreation von Gesetzen im legislativen Theater. Um wirkliche Veränderungen zu erreichen, müssen kontinuierlich konkrete (politische) Aktionen durchgeführt und unterstützt werden. Boal meint damit Aktionen in öffentlichen Räumen. Staffler charakterisiert die Aktionen im Kontext des TdU als theatralisierte Aktionen, in denen „[...] mit Hilfe von Masken, Gesängen, Kostümen, Choreographien und allen anderen Möglichkeiten des Theaters, aus Protestmärschen Prozessionen, aus Versammlungen Inszenierungen werden“ (Staffler 2009: 124). Auch Unterschriften-sammlungen sind politische Aktionen, mit Hilfe derer in

---

[50] Originalzitat: “O Teatro do Oprimido não é só teatro. Teatro do Oprimido é um movimento politico. Teatro Oprimido é uma ferramenta de transformação social através da arte”(Sanctum 2011: Z. 219 ff.).

der Öffentlichkeit für die Unterstützung von Gesetzesinitiativen oder die Umsetzung bereits bestehender Gesetze geworben wird.
In der brasilianischen Praxis sind viele Gesetzesinitiativen nicht gewählt und unzählige verabschiedete Gesetze werden in der Praxis nicht umgesetzt.Wenn in dem Prozess des legislativen Theaters herausgefunden wird, dass es an der Wahl und der Applikation von Recht in die Realität scheitert, ist es nach dem Verständnis und Anspruch des TdU notwendig, diese durch konkrete und kontinuierliche politische Aktionen zu erreichen. Einige durch das Theater scheinbar erreichte Transformationen bedürfen weiterer (öffentlichkeitswirksamer) Aktionen, um die Beständigkeit der Konflikttransformation nachhaltig zu sichern. Es ist nach Auffassungen der Curingas wichtig, dauerhaft mit Gruppen zusammenzuarbeiten, Strukturen zu schaffen und als Bewegung weiterzuarbeiten (vgl. Britto 2011: Z.112 ff.). Als politische Aktion versteht das CTO auch den Aufbau von Partnerschaften und Kooperationen mit Gruppen, Initiativen, Organisationen und Institutionen, die sich mit den im Forum- und im Legislativen Theater herausgestellten Themen befassen. Durch die gegenseitige Stärkung und Unterstützung könnten die angestrebten Veränderungen auf den verschiedenen Ebenen leichter erreicht werden. Zu konkreten und kontinuierlichen Aktionen gehöre nach Rodrigues auch die Multiplikation der Techniken, die Ausbildung von Multiplikatoren, die weitere Gruppen bilden oder Gruppenprozesse fortsetzen würden und Teil einer größeren Bewegung werden könnten (vgl. Rodrigues 2011:Z. 193 ff.).
Ein hier zu nennendes Beispiel ist die „Psychiatrie-Reform-Bewegung" (Movimento da Reforma Psiquiatrica) in Brasilien, für die sich sehr verschiedene Organisationen zu einer Bewegung zusammengeschlossen haben. Das CTO arbeitete mit Klienten und Angestellten in Psychiatrien und in einer forensischen Klinik, führte Multiplikationskurse in Kliniken in verschiedenen Bundesstaaten durch und unterstütze die bundesweite Bewegung mit politischen theatralen Aktionen. So traten bspw. Gruppen, die sich aus Betroffenen und Sympathisanten, Freunden und Familienmitgliedern von Betroffenen und Angestellten in diesem Sektor zusammensetzten, in Forumtheatersstücken bei wissenschaftlichen und politischen Kongressen auf. Das TdU war und ist somit Teil einer Bewegung, die persönliche Transformationen sowie Transformationen hinsichtlich gesellschaftlicher Akzeptanz, Unterbringungsform und Behandlungsformen bis hin zu rechtlichen Veränderungen in diesem Gebiet erreicht hat.

4.5. Das Fallbeispiel der Gruppe des „Marias do Brasil"

Am CTO wird in langfristig und dauerhaft angelegten Projekten, z.B. in Form von kontinuierlicher Arbeit mit relativ stabilen Gruppen, versucht, eine Konflikttransformation auf verschiedenen Ebenen zu erreichen. Zu diesem Zweck werden die verschiedenen Techniken und Methoden Boals, deren transformatives Potenzial dargestellt wurde, integrativ und aufeinander aufbauend angewendet und in fortwährenden Aktionen durchgeführt.

In diesem Fallbeispiel soll verdeutlicht werden, wie mit einer Gruppe brasilianischer Hausangestellter, den „Marias do Brasil" (Marias aus Brasilien), in einem langjährigen Prozess durch die Anwendungen verschiedenster Techniken Transformationen auf verschiedenen Ebenen erreicht wurden und wie die Nachhaltigkeit dieser Transformationen durch konkrete soziale und politische Aktionen sichergestellt wurde.

Das Fallbeispiel beschränkt sich auf die wichtigsten Hintergrundinformationen der seit dreizehn Jahren bestehenden Gruppe. Es dient dem Zweck der Veranschaulichung der im Hauptkapitel dargestellten Methoden in ihrer praktischen Anwendung. Die Illustration soll das Potential der Methode hinsichtlich seiner transformativen Wirksamkeit zeigen.

Die Gruppe „Marias do Brasil" setzt sich heute aus zehn Frauen zusammen. Es ist die zweite Gruppe, die an der Abendschule „Santa Teresa de Jesus" in Rio de Janeiro mit dem CTO gegründet wurde. Die Schule bietet „ergänzende Kurse" (cursos supletivos) an, die sich dadurch auszeichnen, dass Erwachsene in kurzer Zeit alphabetisiert werden und die Grundschulbildung statt in vier in zwei Jahren erhalten. In dieser Schule gibt es Kurse, die nur von Hausangestellten besucht wurden. Auf Einladung der Schule entstand unter der Mandatszeit Boals hier die erste Gruppe mit Hausangestellten, die sich mit Beendigung ihrer Schulzeit auflöste. Nach kurzer Unterbrechung gründete sich 1998 die bis heute bestehende Gruppe „Marias do Brasil", welche von den Curingas Claudete Felix und Olivar Bendelak des CTO begleitet wird (vgl. Felix und Bendelak 2011b).

4.5.1.1. Gemeinsamkeiten und Charakteristika der „Marias do Brasil"

Die „Marias do Brasil" zeichnen sich durch eine Vielzahl von Gemeinsamkeiten aus, zu denen nicht zuletzt ihr Name gehört. Der erste Vorname von fünf Gruppenmitgliedern ist Maria. Neben dieser verbindet sie ihre inner-brasilianische Migrationsgeschichte. In der Hoffnung auf ein besseres Leben und aufgrund der Armut sind sie entweder aus dem sogenannten „Armenhaus Brasiliens", dem Norden, Nordosten Brasiliens oder dem Landesinneren, dem (an Rio de Janeiro angrenzenden) Bundesstaat Minas Gerais, in die industrialisierte Hafenmetropole Rio de Janeiro migriert. Charakteristisch für sie ist ein armes Elternhaus, ein geringes Bildungsniveau, oft verbunden mit (Semi-)Analphabetismus. Außerdem mussten einige bereits als Minderjährige schwere körperliche Arbeiten im elterlichen Haushalt oder in anderen Haushalten verrichten. Einige wurden von ihren Familien, aufgrund von finanzieller Not und Hungerleiden, zur Arbeit in andere Haushalte „geschickt". Dort bekamen sie keine Entlohnung für ihre Arbeit, sondern Nahrung und wurden dort zum Teil Opfer von Ausbeutung und Missbrauch.

Als Hausangestellte in Rio de Janeiro leben sie alleine. Für einige hatten die Immigration und die Lebensumstände zur Folge, dass sie ledig geblieben sind und keine Familie gründen konnten. Drei Frauen aus der Gruppe haben sehr früh Kinder bekommen und mussten diese, wie auch ihre Familien, zurücklassen und leben getrennt von ihnen.

Zugehörig zur Arbeitsgruppe „Hausangestellte" (Empregados Domésticos) zeichnen sie sich dadurch aus, dass sie einer gesellschaftlich geringgeschätzten Tätigkeit nachgehen, häufig die einzigen Angestellten und damit alleine am Arbeitsplatz sind, der zugleich ihr Wohnort ist. Diesem Umstand ist es geschuldet, dass es keinerlei Grenze zwischen Privatleben und Arbeitsplatz gibt. Sie verrichten ihre Arbeit für ihre Arbeitgeber und die Gesellschaft größtenteils unsichtbar und gehören zu der am geringfügigsten verdienenden Lohngruppe mit den wenigsten Rechten in Brasilien. Einige von ihnen besitzen nicht einmal eine rechtmäßige Anstellung (carteira assinda) und haben somit keinerlei Arbeitsrechte und Sicherheiten.

4.5.1.2. Arbeits- und Gruppenprozess der „Marias do Brasil"

Im Folgenden werden einige, von den Curingas hervorgehobenen Aspekte, aufgeführt, die sehr bedeutend für den Arbeitsprozess der Marias sind und waren und welche dieser Aspekte Transformationen angestoßen haben.

Felix betont, wie wichtig allein schon das Zusammenkommen der Marias für ebendiese ist. Die Gruppenarbeit des Theaters breche mit dem Thema der Einsamkeit –

das Theater der Unterdrückten sei für die Marias ein Raum, in dem sie sich ausdrücken können und Aufmerksamkeiten erfahren würden. Durch den Erfahrungsaustausch in der Gruppe wurde nach Felix' Einschätzung ein Prozess der Reflexion und Bewusstwerdung über ihre Lebenssituation und Rechte angestoßen. Sie erfahren eine Gemeinschaft, die sie stärkt. Sehr viel Raum und Zeit nehmen bis heute intensive Gespräche ein.

Um an die Ursprünge und Gründe für die Konflikte zu gelangen, stand neben diesen gruppeninternen Dialogen zu Beginn des Prozesses die schwere körperliche Arbeit im Vordergrund. Durch die seit frühster Kindheit geleistete harte körperliche Arbeit sei der Körper der Marias zum Teil deformiert und verhärtet worden. Die Übungen und Spiele dienten der De-Mechanisierung, der Vertrauensbildung, dem besseren Kennenlernen und der Identifikation von erlebten Unterdrückungen und Konflikten. Mit Hilfe der Spiele und Techniken des Bildertheaters sei „enthüllt" worden, welche Erschöpfung, Mutlosigkeit und Perspektivlosigkeit die Marias in sich tragen würden. Ergänzt durch die Anwendung der introspektiven Techniken des „Regenbogens der Wünsche" und anderen vorbereitenden Schritten zur Erarbeitung einer Forumsszene wurde das Männer- und Frauenbild der Marias erarbeitet. Der Mann wurde von ihnen mit körperlicher Stärke und Gewalt verbunden. In ihren Erzählungen und letztlich der Umsetzung ihrer realen Erfahrungen in den Forumsszenen werden der Vater und der Arbeitgeber entsprechend dieser Wahrnehmung und Erfahrung charakterisiert. Erlebte väterliche Kälte, Vernachlässigung und Gewalterfahrungen durch den Vater sowie sexuelle Belästigung durch den Arbeitgeber sind Konflikte, die in dem Forumtheater thematisiert werden. Auf der anderen Seite wurde ihr eigenes Frauenbild analysiert. Das Frauenbild ihrer Herkunft, nach dem die Frau Hausfrau ist und körperlich schweren landwirtschaftlichen Arbeiten nachgeht, hat sie geprägt. Zum anderen sind sie mit ihren Arbeitgeberinnen konfrontiert, Frauen der Mittel- und Oberschicht, für die sie als Hausangestellte arbeiten (vgl. Felix 2011b).

Auf Grundlage real erfahrener Unterdrückung sind Forumtheaterstücke entstanden, in denen einige Konflikte theatralisch dargestellt wurden. Es folgt die Skizzierung der Konflikte in den von den Marias erarbeiteten Forumtheaterstücken.

4.5.1.3. Konfliktbearbeitung in Forumtheaterstücken

Die „Marias do Brasil" haben bereits zwei Forumtheaterstücke entwickelt, in dem sie ihre persönlichen Unterdrückungserfahrungen thematisieren.

Zur Vollständigkeit wird auf die Konfliktthemen beider Stücke eingegangen. Auf das zweite Stück wird genauer eingegangen, da ich Proben und auch Aufführungen begleiten konnte.
In dem ersten Stück *„Quando o verde dos seus olhos se espalhar na plantação"* („Wenn sich das Grün deiner Augen auf dem Feld ausbreitet") wurden vor allem gesellschaftliche Diskriminierungen, arbeitsrechtliche Unterdrückungen und die zum Teil daraus entstehenden Konflikte mit den Arbeitgebern thematisiert. Dazu gehört der Kampf um einen Arbeitsvertrag, die Einhaltung eines wöchentlich freien Tages, der Kampf für festgelegte Arbeitszeiten (den Acht-Stunden-Arbeitstag), die durch das Zusammenleben mit den Arbeitgebern auf die ganze Woche ausgedehnt werden und zu extremer Ausbeutung führen.
Es kommen weitere konfliktreiche Themen zur Sprache, wie die Ausbeutung und Vernachlässigung im Kindesalter und die von Dürreperioden heimgesuchten, aber politisch vernachlässigten Heimatregionen.
In dem zweiten Stück *„Eu também sou Mulher"* („Ich bin auch eine Frau"), welches den Titel eines zentralen Verses des Gedichtes von Maria José Gois trägt, entsteht auf den Wunsch der Gruppenteilnehmerinnen. Sie wollen die sexuelle Belästigung am Arbeitsplatz und die Verpflichtung der Zahlung des „Fundo de Garantia do Tempo de Servico" (FGTS)[51] thematisieren. Bis heute ist die Zahlung des FGTS seitens der Arbeitgeber fakultativ. Dieses Geld stünde den Hausangestellten beispielsweise bei Kündigung oder Entlassungen zu und könnte sie kurzweilig finanziell auffangen. Die Kategorie der Hausangestellten ist die einzige von dem Arbeitsministerium anerkannte Berufsgruppe, denen dieses Recht nicht zusteht. In ihrem Stück stellen sie die Diskussion der Protagonistin Maria mit ihrer Hausherrin über diese Zahlungen dar. Außerdem wird die Einhaltung ihres Rechts auf einen freien Tag in der Woche erneut diskutiert.
Nach Bendelak stellt die Äußerung des Wunsches der Marias, das Thema der sexuellen Belästigung zu bearbeiten, bereits den Beginn einer persönlichen und kollektiven Transformation der Gruppenmitglieder dar. Die Curinga hätten mehrfach nachgefragt, ob es andere ungelöste Konflikte in der Gruppe geben würde, die sie mit den Methoden es TdU bearbeiten wollten. Diese Frage wurde negiert. In dem

---

[51] FGTS: ein Konto, auf das Arbeitgeber monatlich einen bestimmten Betrag einzahlen, auf das der Arbeitnehmer in bestimmten Fällen Zugriff hat. Dieses Geld dient der Absicherung u.a. im Falle von Entlassung oder Erwerbsunfähigkeit durch einen Arbeitsunfall.

sehr intensiven Arbeitsprozess stellte sich heraus, dass die Mehrheit der Frauen sexuelle Belästigung in ihrer Jugend und/oder seitens der Arbeitgeber und Söhne dieser erfahren hatte. Es bedurfte eines sehr intensiven und vertrauensbildenden Prozess, bis die „Marias“ diesen sehr persönlich verletzenden Konflikt bearbeiten wollten oder gar in die Öffentlichkeit tragen wollten. Es zeigt, wie das TdU Raum für den Ausdruck von schmerzhaften Erfahrungen geben kann und wie bedeutsam die dauerhafte Arbeit mit dem TdU ist (vgl. Bendelak 2011b).

4.5.1.4. Konfliktdarstellung in „Eu também sou Mulher“ anhand der Dramaturgie

Das Stück „Eu também sou Mulher“ baut sich entlang der Lebensgeschichte einer Hausangestellten auf. Die erste Szene, „die Kontextualisierung“, spielt in der ländlich geprägten Heimat der Protagonistin „Maria“ und gibt einen Einblick in die Kindheit Marias. Die unterdrückende Vaterbeziehung, der Vater, der Maria verbietet in die Schule zu gehen, wird thematisiert. Als „Moça da roça“ („Mädchen vom Land“), wie es in dem Stück heißt, brauche sie nicht zur Schule zu gehen. Hauswirtschaftliche und landwirtschaftliche Tätigkeiten zu lernen seien wichtiger. Auf Ratschlag von zwei Freundinnen, die zu Besuch sind und sonst als Hausangestellte in Rio arbeiten, bricht Maria mit dem Wunsch, sich ein eigenständiges, besseres Leben aufzubauen, mittellos nach Rio de Janeiro auf.

In der nächsten Szene, der „Gegen-Vorbereitung“, nach der Ankunft Marias in der Metropole, wird das ausbeuterische Verhalten der Arbeitgeber thematisiert. Die respektlose und diskriminierende Haltung sowie das Misstrauen dieser werden in mehreren Sequenzen dargestellt. Das dargestellte Beziehungskonstrukt zwischen Hausangestellter und Arbeitgeber ist in diesem Forumtheater besonders komplex, da die Arbeitgeber ihr suggerieren, Teil der Familie zu sein. Mit dieser verlogenen Vorgabe untergraben sie die Rechte der Maria und „verpflichten“ sie zur Übernahme von mehr Aufgaben und respektieren ihre Arbeitszeiten und ihren freien Tag nicht. In einigen Momenten wird der „Kampf“ Marias gegen diese Ausbeutung und Unterdrückung und das Festhalten an Zielen darstellt. Maria besucht z.B. trotz der restriktiven Behandlung der Arbeitgeber die Abendschule und widerspricht den Anschuldigungen der Hausherrin, bestimmte Lebensmittel für sich genommen zu haben.

In der dritten Szene wird eine real erlebte Erfahrung sexueller Belästigung theatralisiert. Der Arbeitgeber wird in der Abwesenheit seiner Frau verbal und körperlich übergriffig. Er versucht die Hausangestellte einzuschüchtern, indem er ihr suggeriert, als Hausherr und Arbeitgeber über sie verfügen zu können. Er bedroht sie und schüchtert sie ein, indem er ihr sagt, dass es keine Zeugen für diese Tat gebe und dass ihr niemand glauben werde. Maria flüchtet in ihr Zimmer. Sie geht ohne der Hausherrin über den Vorfall zu berichten und ohne zu verraten, wohin sie geht, am Sonntag zum Fest der Gewerkschaft der Hausangestellten. Die vierte Szene zeigt das Zusammentreffen von verschiedenen Hausangestellten bei dem Gewerkschaftsfest. Sie diskutieren ihre Rechte und feiern gemeinsam. (Die anderen Hausangestellten werden hier als mögliche „Alliierte" eingeführt, die der unterdrückten Protagonistin an anderer Stelle helfen könnten.)

Zurück vom Fest kommt es in der im Höhepunkt mündenden fünften Szene zu einer weiteren sexuellen Belästigung des Arbeitgebers. Diesmal will sich Maria mit dem Vorfall an die Arbeitgeberin wenden, doch der Hausherr droht ihr, dass sie, wenn sie reden würde, auf „der Straße lande". Verängstigt durch diese Bedrohung verschweigt sie die Übergriffigkeit des Arbeitgebers. In der letzten Szene traut sie sich von ihren Erkenntnissen bei der Gewerkschaft zu berichten und fragt die Arbeitgeberin, ob sie für sie in den „Fundo de Garantia do Tempo de Serviço" einzahlen würde. Die Arbeitgeberin zeigt sich schockiert und will nicht, dass Maria weiter Kontakt zur Gewerkschaft hat. Sie sieht diesen als Vertrauensbruch an. Die Arbeitgeberin erklärt ihr, dass, wenn sie nicht zufrieden sei, jederzeit gehen könne. Aus den letzten beiden Sequenzen geht Maria trotz ihres Mutes und der Hoffnung, zumindest ihre rechtliche Situation durch die ehrliche Aussprache zu verändern, geschwächt hervor.

Auf die Aussage der Hausherrin folgen Teile des Gedichtes von Maria José Gois, gesungen von der Protagonistin. Mit diesem Lied endet das Forumtheaterstück und der ästhetische Raum wird geöffnet für die Zu-Schaupieler, die eingeladen sind, Handlungsalternativen für die zentralen Konfliktszenen zu erproben.

Gedicht von Maria José Gois (2002)

Dieses Gedicht stellt beispielhaft die personale Transformation einer gedemütigten „unsichtbaren Hausangestellten" zu einer sich wertschätzenden Frau, die ihre Lebenssituation verändern hat, dar. Der hier auf der personalen Ebene geäußerte Wunsch nach Veränderung trug sukzessiv zu Transformationen auf anderen Ebenen bei.

Maria Jose Gois hat mit 44 Jahren Lesen und Schreiben gelernt. Sie ist Mitglied der Gruppe „Marias do Brasil“ und hat dieses Gedicht im Rahmen einer Übung der „Ästhetik der Unterdrückten“ geschrieben.

Nome Mulher	Name Frau
Escreve seu moço:	Schreibe auf, mein Jüngling:
A mulher de pele negra	Die Frau mit der schwarzen Haut
Com idade avançada	Im fortgeschrittenen Alter
Desorientada,	Desorientiert,
sentada na calçada	auf dem Bürgersteig sitzend
Com os pes inchados	Mit angeschwollenen Füßen
E as mãos queimados encajeladas	Und verbrannten, schwieligen Händen
De lavar, passar e cozinhar	Vom Waschen, Bügeln und Kochen
E cansada de ser humihada.	Und müde, gedemütigt zu werden.
Escreve seu moço:	Schreibe auf, mein Jüngling:
A mulher ainda jovem	Die noch junge Frau
de pele morena,	mit der dunklen Haut
De cabelo liso,	Mit dem glatten Haar, dem
rosto abatido	nierdergeschlagenen Gesicht
Olho sem brilho	Augen ohne Glanz
Coração triste	Trauriges Herz
Com medo de ser despedida	Voller Angst enlassen zu werden
E cansada de ser humilhada.	Und müde, gedemütigt zu werden.
Escreve seu moço:	Schreibe auf, mein Jüngling:
A mulher decontente	Die unzufriedene Frau
Porque ja perdeu os dentes	Weil sie bereits ihre Zähne verloren hat
Andando com passos lentos	Mit langsamen Schritten gehend
Nas ruas violentas	Auf den gefährlichen Straßen
Dormindo ao relento,	Unter freiem Himmel schlafend
Jogada na poeira e no vento	In den Staub und Wind geworfen
E cansada de ser humilhada.	Und müde, gedemütigt zu werden.
Escreve seu moço:	Schreibe auf, mein Jüngling:
Eu tambem sou mulher,	Ich bin auch eine Frau
Eu quero lutar, eu vou mudar	Ich will kämpfen, ich werde verändern
Esse jeito de ser	In diesem Zustand zu sein
Porque eu também sei amar	Weil ich auch weiß zu lieben
E meu nome é mulher.	Und mein Name Frau ist.

4.5.1.5. Dialog zwischen Bühne und Zuschauerraum - Interventionen bei der Aufführung des Stückes

Folgend sollen einige Interventionen der Zu-Schauspieler bei der Aufführung dieses Stückes im Rahmen eines internationalen Kolloquiums zu „Borders and Cultural Diversity in the XXI Century: Challenges for the Recognition in the Global State" an der Universität in Rio de Janeiro (UFRJ) wiedergegeben werden. (Die Beobachtungen der Interventionen werden an dieser Stelle deskriptiv dargestellt und nicht bewertet. Die gesamten Diskussionen können ebenso wenig abgebildet werden, da diese den Umfang des Fallbeispiels überschreiten würden.)

Zu dem Publikum soll an dieser Stelle bemerkt werden, dass es sich um ein heterogenes Publikum von Studenten und Wissenschaftlern, die der Konferenz beiwohnten, handelt. Jedoch ist in der sehr stark hierarchisch organisierten brasilianischen Gesellschaft, in der der Besuch einer staatlichen Universität sowie eine wissenschaftliche Karriere in den meisten Fällen materiell besser gestellten Familien vorbehalten ist (also der sehr kleinen Mittel- und Oberschicht), davon auszugehen, dass die Mehrheit der Zu-Schauspieler selbst zu diesen Schichten gehört und mit hoher Wahrscheinlichkeit auch eine Hausangestellte beschäftigt. Diese Aufführung stieß damit einen kritischen Dialog mit dem Publikum an.

Die erste Intervention bezieht sich auf den Konflikt der Einhaltung bzw. Nicht-Einhaltung der Arbeitsrechte der Hausangestellten. Die Zu-Schauspielerin will die Protagonistin Maria in der zweiten Szene ersetzen, in der die Hausherrin Maria davon versucht zu überzeugen, ein Grillfest für die Familie an ihrem freien Sonntag vorzubereiten. Die Zu-Schauspielerin will - in der Rolle der Maria - keine Kompromisse über ihre Arbeitsrechte mit der Hausherrin eingehen. Sie will weder, wie von ihr erwartet, ein Grillfest an ihrem freien Sonntag vorbereiten, noch nach dem Ende des Festes das Aufräumen und Spülen übernehmen. Sie besteht auf ihr Recht eines freien Tages in der Woche und schlägt die Bitte der Arbeitgeberin entschieden aus.

Die gezeigte Alternative wird gemeinsam mit den „Marias do Brasil" und dem Publikum unter der Moderation des Curingas diskutiert.

Die zweite Intervention einer sehr selbstbewussten Frau aus dem Publikum will den Konflikt der sexuellen Belästigung bearbeiten und an der ersten Übergriffigkeit in der dritten Szene ansetzen. Sie versucht, sich als Maria körperlich wie verbal gegen die Belästigung zur Wehr zu setzen. Sie entgegnet der Drohung des Arbeitgebers,

dass sie bei einem weiteren Versuch seinerseits die Hausherrin in Kenntnis setzen wird.
Die Durchführbarkeit der Realisierung dieser Intervention in der Realität sowie die Folgen der Intervention werden kontrovers diskutiert.
Eine weitere Intervention bezieht sich auch auf die sexuelle Übergriffigkeit des Arbeitgebers. Die Zu-Schauspielerin möchte die Rolle der Protagonistin Maria übernehmen und in das Stück beginnend mit der fünften Szene eintreten. Sie erprobt theatral die Strategie, eine Freundin von dem Gewerkschaftsfest mit nach Hause zu nehmen, damit sie auf diese Weise als mögliche Zeugin und Schutz vor sexuellen Belästigungen dienen kann. Die Zu-Schauspielern gibt der eigentlichen Protagonisten Maria die Rolle der Freundin, die sich in Marias Zimmer versteckt, während die Zu-Schauspielerin als Marias noch zu erledigenden Aufgaben in der Küche nachgeht. Durch den Krach in der Küche weckt diese den Arbeitgeber, der sich wundert, dass Maria, zurück vom Fest, noch arbeitet. Da seine Frau schläft und er sich unbeobachtet fühlt, kommt es zu dieser erneuten sexuellen Belästigung. Die Zu-Schauspielerin, in der Rolle der Maria, wehrt sich und verkündet, dass sie nicht länger inne halten würde und diesen Vorfall seiner Frau und der Polizei melden würde. Die versteckte Freundin betritt intervenierend die Szene. Sie berichtet, wie sie alles beobachtet habe und das sie als Zeugin bei einer Anzeige auftreten werde. Die Hausherrin kommt dem Geschehen in der Küche hinzu und wird von Maria und ihrer Freundin von dem Vorfall unterrichtet. Nach einer längeren Diskussion verlassen Maria und ihre Freundin die Bühne. Parallel zu der Diskussion auf der Bühne machen sich Diskussionen über die Realisierbarkeit der Intervention breit. Eine Frau aus dem Publikum, die die Durchführbarkeit der gezeigten Intervention anzweifelt, tritt als Zu-Schauspielerin auf die Bühne. Sie modifiziert die gezeigte Strategie, indem sie statt der menschlichen Zeugin ein Handy mit Aufnahmefunktion einsetzt. Sie steigt in die gleiche Szene als Maria ein und erprobt diese Handlungsalternative.

4.5.1.6. Transformationen auf verschiedenen Ebenen

Der Curinga Olivar Bendelak hebt in unserem Gespräch vor allem die persönlichen, kollektiven und beruflichen Transformationen der „Marias do Brasil" hervor. Mit der Gruppe der Marias wurde das Methoden- und Techniken-Repertoire des TdU angewendet und somit Transformationsprozesse von der individuellen bis zur legislativen Ebene angestoßen und unterstützt.

Durch die Zugehörigkeit der Hausangestellten zu dieser Theatergruppe kam es zur Aufhebung der Isolation. Sie fanden einen Raum des Austausches über ihre Arbeits- und Lebensverhältnisse. Sie lernten ihre Rechte kennen, erlangten ein Bewusstsein über sie und ein Selbstbewusstsein, um für sie einzutreten. Bendelak erzählt begeistert von der Veränderung der eingeschüchterten, ruhigen „Marias" zu Beginn des Arbeitsprozesses und die Transformation in selbstbewusste Frauen, die eigenständig agieren und sich Handlungsalternativen für die alltäglichen Konfliktsituationen angeeignet haben. Ihre erlernte Konfliktfähigkeit helfe ihnen, sich für ihre Rechte einzusetzen. Sie hätten gelernt, „nein" zu sagen, in Diskussionen zu gehen und ihre Bedürfnisse und Rechte zu artikulieren. Einige der Marias haben bereits selbst Workshops des TdU durchgeführt. Aus zurückhaltenden Hausangestellten wurden „Multiplikatoren" des TdU. Andere fassten Mut und leiten nun Koch- und Handarbeitskurse.

Durch das Theater der Unterdrückten seien die Marias sichtbar geworden. Felix erklärt die Wirkung des Theaters für diese sonst gesellschaftlich unsichtbaren Hausangestellten als Schauspielerinnen.

„Das Theater der Unterdrückten lässt die Hausangestellte sehr sichtbar werden: sie wird gesehen, sie wird gehört, sie ist spürbar, sie wird wahrgenommen, abhängig von der Rolle, die sie spielt, wird sie geliebt oder gehasst"[52] (Felix 2011b).

Augusto Boal selbst geht in seinem Artikel „A mulher no espelho" („Die Frau im Spiegel") über eine bewegende Begegnung mit einer Maria aus der Gruppe ein. Boal beschreibt, wie sie als Schauspielerin während und nach der Aufführung des Forumtheaters eine persönliche Transformation erfahren habe:

Auf den besonderen Wunsch der Gruppe der Marias do Brasil in einem „richtigen" Theater auftreten zu wollen (statt in öffentlichen Räumen, bei Veranstaltungen der Gewerkschaften usw.) nahmen diese 1999 an einem Theaterfestival, veranstaltet vom CTO im Theater Glória teil. Nach ihrer Aufführung wurde Boal in die Umkleidekabine gerufen, wo er eine Maria weinend vorfand, die ihm zur Erklärung ihres Zustandes sagte, dass eine gute Hausangestellte unsichtbar sein sollte. Je weniger sie sichtbar sei, desto besser sei dies. Sie habe Boal erklärt, wie eine Hausangestellte all ihre Tätigkeiten unsichtbar verrichte. Wie sie gelernt habe, unsichtbar zu sein, wie

---

52 Originalzitat: "O teatro deixa a empregada muito visível, ela e vista, ela e ouvida, ela e sentida, ela e precibida, ela e amada, o odiada dependo da personagem.Todos olham para ela" (Felix 2011b).

sie wisse, dass sie unsichtbar sei. Heute bei dem Auftritt in diesem Theater habe ein Techniker sich darum bemüht, dass sie im Licht stehe, dass das Licht der Scheinwerfer angemessen auf ihre Kleidung strahle. Sie erklärte Boal weiter, dass eine gute Hausangestellte nicht nur unsichtbar, sondern auch blind und taub sein sollte und so lernten sie, nichts zu sehen und taub zu werden. Aber heute habe ein anderer Techniker ein Mikrofon an ihrer Kleidung angebracht, damit ihre Stimme bis in die letzte Reihe gehört würde. Die Maria erklärt Boal, dass die Familie, bei der sie seit mehr als zehn Jahren arbeitete, im Publikum saß. Es sei das erste Mal gewesen, dass sie sie wirklich gesehen hätten, wie sie sei und die Familie sie das sagen höre, was sie denke. „Jetzt wissen sie, dass ich existiere, weil ich Theater gemacht habe“[53] (Boal 2003: 13). Boal verstand immer noch nicht, warum sie weinte, denn dies sei ein Grund zu Freude. Sie antwortete: „Ich habe in den Spiegel gesehen und eine Frau gesehen“[54] (Boal 2003: 13). Sie erklärt, dass dies das erste Mal gewesen sei, dass sie im Spiegel eine Frau gesehen hätte. Vorher habe sie nur eine Hausangestellte gesehen (vgl. Boal 2003: 12-14).

Es ist davon auszugehen, dass diese Veränderung der eigenen Wahrnehmung auch weitreichende andere Veränderungen bewirkt hat. Die Maria beschreibt in ihrem Gespräch mit Boal, dass kein Dialog zwischen ihr und der Familie, bei der sie arbeitet, bestanden habe. Durch das Theater, durch diesen Auftritt wurden ihre Konflikte zum Ausdruck gebracht, sie haben einen Raum gefunden und ihre Konflikte in die Öffentlichkeit getragen. Es wurden Transformationen auf individueller Ebene angestoßen, die Veränderungen in der Beziehungsebene zwischen ihr und ihren Arbeitgebern auslösten und gesellschaftliche Veränderungen provozierten.

Neben den vielzähligen Forumtheater-Auftritten an den unterschiedlichsten Orten wurde mehrfach an diese Aufführungen und den partizipativen und dialogischen Moment, in dem die Zu-Schauspieler die Konfliktlösungen erproben können, legislatives Theater angeschlossen.

Es zeigte sich, dass die Konfliktursachen struktureller Art sind und zum großen Teil ihren Ursprung in dem fehlenden Rechtsschutz der Berufsgruppe haben. Bei der „Prüfung“ der durch das Publikum eingebrachten Gesetzesvorschläge in Zusammenarbeit mit der Gewerkschaft für Haushaltsangestellte und deren Anwältin stellte sich

53 Originalzitat: „Agora sabem que eu existo, porque fiz teatro“ (Boal 2003: 13).

54 Originalzitat:„Olhei no espelho e vi … uma mulher” (Boal 2003: 13).

heraus, dass die vom Publikum erarbeiteten Gesetzesvorschläge schon als Gesetzesinitiativen vorliegen. Die nicht erfolgende Verabschiedung und Umsetzung der Gesetzesinitiativen zur Rechtsverbesserung dieser Berufsgruppe sind Grundlage einiger theatralisierter Konflikte durch das TdU.

Um eine wirkliche Transformation zu erreichen, müssten die Abgeordneten zur Diskussion und Verabschiedung der Gesetzesinitiativen angehalten werden und so entschloss sich die Gruppe „Marias do Brasil“ konkrete und kontinuierliche Aktionen durchzuführen, um dieses Ziel zu erreichen. Es entstand die Idee, zu diesem Zweck Unterschriften für die Wahl und Umsetzung von Gesetzesinitiativen zu sammeln, wie z.B. die pflichtmäßige Zahlung in den „Fundo do Garantia do Tempo de Serviço“, von dem nur diese Berufsgruppe ausgeschlossen ist und der seit 2001[55] nur fakultativ von den Arbeitgebern bezahlt wird. Die Gruppe baute Partnerschaften zur Gewerkschaft der Hausangestellten in Rio de Janeiro und Nova Iguaçu aus und baute neue Partnerschaften mit einer Frauenfraktion des nationalen Kongresses, einer Nichtregierungsorganisation, die sich für die Einhaltung der Rechte der Frauen einsetzt, auf. Dieser Zusammenschluss und die Zusammenarbeit stärkte die Gruppe in ihrem Anliegen. Zum internationalen Gedenktag gegen Gewalt an Frauen führten die „Marias do Brasil“ ihr Forumtheaterstück „Eu também sou mulher“ am 25.11.2004 vor dem nationalen Kongress in der Hauptstadt Brasilia auf. Sie nahmen an einer Debatte über die Arbeitsrechte der Hausangestellten teil und übergaben dem Vizepräsidenten des Kongresses die Unterschriftenlisten.

Das Ziel, dass die Zahlungen der Arbeitgeber der Hausangestellten in den FGTS verpflichtend sind, konnte noch nicht erreicht werden, aber die „Marias do Brasil“ wollen sich in Zusammenarbeit mit anderen Gruppen und Organisationen weiterhin dafür einsetzen.

Dieses Fallbeispiel vermittelt einen Eindruck, wie unterschiedliche Methoden und Techniken des TdU in der Praxis des CTO in einem Gruppenprozess angewendet werden und zeigt, wie das Theater der Unterdrückten an unterschiedlichsten Transformationen auf verschiedenen Ebenen beteiligt ist.

[55] Rechtliche Grundlage: Medida Provisória da Lei Federal 10.208 de 23/03/2001

V. ENTSPRECHUNGEN UND DIFFERENZEN ZWISCHEN KONFLIKTTRANSFORMATIVEN GRUNDANNAHMEN LEDERACHS BZW. GALTUNGS UND DEM THEATER DER UNTERDRÜCKTEN

In diesem abschließenden Unterkapitel sollen das Konzept ziviler Konfliktbearbeitung und die konflikttransformativen Grundannahmen Lederachs und Galtungs mit denen des Theaters der Unterdrückten nach Boal abgeglichen werden. Parallelen und Differenzen in grundlegenden Annahmen, im Begriffs- und Transformationsverständnis werden herausgearbeitet.

Nach den impliziten Vergleichen der konflikttransformativen Modelle und des Theaters der Unterdrückten sowie der Betrachtung der Theatermethode aus konflikttransformativer Perspektive in den vorhergehenden Kapiteln sollen an dieser Stelle das Potential des Theaters der Unterdrückten als Methode der zivilen Konfliktbearbeitung und seine konflikttransformative Wirkkraft explizit und zusammenfassend dargestellt werden.

Damit wird auf die in Kapitel 2.2.3 formulierten Ansprüche an das TdU im Textverlauf eingegangen.

5.1. Das Theater der Unterdrückten als kreative Methode der zivilen Konfliktbearbeitung

Das CTO als Anwender des TdU verfolgt eine Bottom-up Strategie, in der die Beteiligten auf der unteren Ebene ansetzen und in höhere Ebenen hineinzuwirken versuchen. Ihre Arbeit wurzelt in den universellen Menschenrechten (siehe Baum des Theaters der Unterdrückten), auf deren Einhaltung das TdU zugleich abzielt. Das Ziel des TdU ist die „Humanisierung der Menschheit“ und damit einhergehend die Transformation zu einer „gerechteren Welt“.

Das Theater der Unterdrückten kann als eine kreative Methode der zivilen Konfliktbearbeitung beschrieben werden, da es auf Gewaltanwendung verzichtet und den konstruktiven Umgang mit Konflikten fördert. Dabei liegt dem Theater der Unterdrückten, wie auch den Modellen von Lederach und Galtung, ein positives Konfliktverständnis zu Grunde, welches Konflikte als produktiven Motor für Veränderungen sieht. Boal und Galtung verwenden beide die Metapher der „chinesischen Krise" für das zentrale Moment eines Konfliktes. Konflikte tragen nach ihrem Verständnis gleichzeitig Chancen und Gefahren in sich. Ausgangspunkt des Theaters der Unterdrückten sind Konflikte, die sich im dramaturgischen Verlauf von Forumtheaterstücken in der chinesischen Krise zuspitzen.

Im Zentrum des TdU stehen asymmetrische Konflikte, in denen ein klares Machtungleichgewicht vorherrscht. Das Theater der Unterdrückten kann als umfassender und ganzheitlicher Ansatz beschrieben werden, der mittels verschiedener Methoden Transformationen auf unterschiedlichen Ebenen bewirken kann.

Im Theater der Unterdrückten ist die Notwendigkeit gegeben, strukturelle Konflikte zu „personifizieren" und als Akteurskonflikte darzustellen, um sie z.B. im Forumtheater transformieren zu können.

5.2. Entsprechungen und Differenzen zwischen Boal und Lederach

Boal und Lederach beziehen sich beide auf den brasilianischen Pädagogen Paulo Freire. Dieser hat das Verständnis und die Grundannahmen des Theaters der Unterdrückten sowie die von Lederach entwickelten Ansätze beeinflusst. Boals und Lederachs Arbeiten sind geprägt von einem positiven Menschenbild, in dem der Mensch unentdeckte Potentiale in sich trägt und als Ressource für Veränderungen an dem Transformationsprozess beteiligt wird. Im Theater der Unterdrückten geht die Transformation von aktiven Subjekten aus. Es versteht den Menschen als kreatives, schöpferisches Subjekt - ein Menschenverständnis, welches sich Lederach ebenso von Trainern in Peacebuilding-Prozessen wünscht.

Wie Lederach versteht Boal Konflikttransformation als einen langwierigen Prozess. Zur Transformation von bestimmten Konflikten sei nach Lederach eine Transformation der Gesellschaftsstruktur nötig. Boal sieht hingegen konkrete Ursachen für gesellschaftliche Konflikte in der (neo-) kapitalistischen Gesellschaftsstruktur und wünscht eine Transformation dieser.

Für Lederach, wie auch Boal, ist es unabdingbar, Transformationen auf verschiedenen Ebenen zu erzielen. Die persönliche Transformation ist bei beiden Ausgangspunkt und notwendige Voraussetzung für Veränderungen auf der Beziehungsebene sowie auf struktureller und kultureller Ebene. Für Lederach und Boal ist es unabdingbar, sich mit den subjektiven Konflikterfahrungen auseinanderzusetzen. Der

Forderung Lederachs, der Vergangenheit und den Narrativen in Peacebuilding-Ansätzen mehr Bedeutung beizumessen, kommt Boal mit dem Theater der Unterdrückten nach. Grundlage jedes Forumtheaters ist eine persönliche Konflikterfahrung. Sowohl in den Gruppenprozessen (der Workshopsituation), als auch im Ästhetischen Raum des Forumtheaters werden Erfahrungen und Gefühle ausgedrückt, um sie in diesem geschützten Raum zu bearbeiten. Die von Lederach geforderte Auseinandersetzung mit der Vergangenheit ist zentraler Bestandteil des TdU. Der ästhetische Raum im TdU erfüllt die Funktion, individuelle Erfahrungen auszudrücken, die Vergangenheit wieder erlebbar zu machen, um sie im Kollektiv zu verändern. Der Ästhetische Raum erfüllt eine katalysatorische Funktion für Versöhnung, nach der Lederach sucht.

Neben der Auseinandersetzung mit der Vergangenheit ist für Lederach und Boal die Zukunftsdimension zentral. Für beide ist der Wunsch einer anderen Zukunft notwendige Voraussetzung für den Transformationsprozess. Das Theater der Unterdrückten bearbeitet in der Gegenwart die Vergangenheit und die Visionen für die Zukunft. Für beide ist eine Zukunftsvision handlungsleitend.

Bezogen auf die Akteurspyramide Lederachs (siehe Abbildung 1) lassen sich das Zentrum für Theater der Unterdrückten (CTO) wie auch die Leitung und Mitarbeiter dieser NRO der mittleren Ebene zuordnen.

Augusto Boal, der ehemalige künstlerische Leiter des CTO, verfügt als Theatermacher, Dramaturg und in seinem späteren Leben als Politiker sowohl über Kontakte zu Akteuren der „Top Leadership", als auch, bedingt durch seinen politischen Anspruch und den Grundansatz des Theaters der Unterdrückten, zu Personengruppen in der Graswurzel-Ebene. Das TdU versteht sich als soziale Bewegung. Es beabsichtigt durch die „Multiplikation" seiner Techniken breite Bevölkerungsteile zu erreichen und ist heute weltweit auf der Graswurzel-Ebene vertreten.

Bezogen auf die Methoden, die die mittlere Ebene anwendet, kann die Arbeit des CTO als Konfliktlösungstraining verstanden werden. Die Theaterprojekte des CTO erheben den Anspruch einer Ursachenanalyse. Sie fördern Bewusstwerdungsprozesse und den gewaltfreien, konstruktiven Umgang mit Konflikten. Sie dienen der Wissensgenerierung und fördern die kollektive Erarbeitung von Handlungsalternativen mit dem Ziel der Transformation des Konfliktes. Lederach schreibt diesen sogenannten Konfliktlösungstrainings eine große Bedeutung zu, da sie auf die intrinsischen Potentiale der Menschen setzen und den Beziehungsaufbau fördern. Das The-

ater der Unterdrückten ist ein „Empowerment“-Werkzeug, welches die den Menschen innewohnenden Potentiale stimuliert und aktiviert. In den Gruppenprozessen, durch die Anwendung der Spiele und Übungen, wirkt es außerdem beziehungs- und vertrauensaufbauend innerhalb der Gruppe.
Das Theater der Unterdrückten nimmt, wie es auch Lederach fordert, das Gesamtsystem in den Blick. Mit verschiedenen Methoden versucht es Konflikte auf intrapersonaler, interpersoneller, sozialer und struktureller Ebene zu verändern.
Lederach vertritt die Auffassung, dass durch die Professionalisierung von Konflikt-Facilitatorn kreative Potentiale in Peacebuilding-Prozessen verdrängt worden sind. Dies deckt sich mit der Annahme Boals. Nach Boal ist jeder Mensch ein Schauspieler, ein Künstler, dessen innewohnenden Fähigkeiten durch die Professionalisierung und Spezialisierung der Moderne verdrängt wurden. Für Lederach ist die kreative Fähigkeit bedeutsam für den Konflikt-Facilitator und den gesamten Peacebuilding-Prozess. Beispielsweise hat Lederach selbst Rollenspiele als einen zentralen Bestandteil in seine Konflikttrainings eingebaut. In dem Werk „Moral Imagination“ erhebt er den Anspruch, dass Konflikt-Facilitator sich über dualistische Polaritäten hinwegsetzen sollen. Das Theater der Unterdrückten Boals jedoch verhaftet im Dualismus „Unterdrückte“ und „Unterdrücker“ und positioniert sich an der Seite der „Unterdrückten“.

5.3. Entsprechungen und Differenzen zwischen Boal und Galtung

> „Ich kenne Johan Galtung nicht, aber er spricht genau von dem, was wir machen, vielleicht ohne, dass wir es so systematisiert haben, wie er es systematisiert hat.“[56] (Conceição 2011:Z.104 f.)

Sowohl Boal als auch Galtung vertreten den Ansatz der dialogischen Bearbeitung von Konflikten und Bewusstwerdungsprozessen als bedeutsamen Schritt zur Konflikttransformation. Für beide sind bewusste Subjekte, Akteure mit zielgerichtetem Handeln, Grundvoraussetzung für eine Transformation. Ebenso ist der Wunsch nach Veränderung im Verständnis von Galtung und Boal notwendige Voraussetzung für

[56] Origialzitat: “Eu não conheço Johan Galtung mais ele esta falando exatamente do que a gente faz mas talvez sem sistematizar como ele sistematizou.”(Conceição 2011:Z.104 f.).

diese. Beide verstehen Transformation als einen langwierigen Prozess, der Kontinuität verlangt, um die Reproduktion oder das Wiederaufkeimen eines Konfliktes zu verhindern.

Nach Galtung sollte die Konfliktbearbeitung von beiden Konfliktparteien ausgehen. In dieser Annahme besteht ein grundlegender Unterschied zum TdU. Wie bereits dargestellt, wird im TdU davon ausgegangen, dass die in asymmetrischen Konflikten über mehr Macht oder Ressourcen verfügende Konfliktpartei (die Unterdrücker) die „Unterdrückung“ aufheben könnte, aber kein Interesse daran hat. Die Konfliktbearbeitung geht im TdU von der unterdrückten Konfliktpartei aus, wobei aber Unterdrücker an dem Prozess beteiligt werden können. Beispielsweise wird bei Forumtheater-Aufführungen der Dialog mit der anderen Konfliktpartei angestrebt.

Die von Galtung beschriebene kulturelle Gewalt, die in das System eingebaut ist und sich u.a. in ungleicher Ressourcenverteilung äußert, muss, um im Theater bearbeitet werden zu können, „personifiziert“ werden. Da im Forumtheater nur personale Akteurskonflikte bearbeitet werden können, bedarf es der Personalisierung kultureller Gewalt; es muss identifiziert und analysiert werden, was Ursachen dieser Gewaltform sind, wer sie weitergibt und mitträgt. Unter diesen Voraussetzungen kann sie im TdU thematisiert und transformiert werden. Boal versteht unter kultureller Gewalt vor allem die Aneignung und Bemächtigung der Kunst und der Medien durch die herrschende Elite. Diese bestimmt nach Boal, was Kunst ist und dominiert die Medien und damit die Massen. Die Ästhetik der Unterdrückten, die Teil des TdU ist, dient der Aneignung ästhetischer Mittel, der Förderung des jedem Menschen innewohnenden künstlerischen Potentials, der Erschaffung von Kunst. Durch die Stimulierung und Förderung von ästhetischen Mitteln im TdU, im Konkreten durch die Schaffung von Kunst, wird die kulturelle Gewalt geschwächt.

Für die Transformation von Akteurskonflikten ist es nach Galtung wichtig, dass auch die innerparteilichen und unbewussten Konfliktelemente bearbeitet werden. Dies kann im TdU, z.B. durch die Techniken des Regenbogens der Wünsche, geschehen. Bezüglich der Überwindung von strukturellen Konflikten und deren Transformation wird im TdU der allgemeine Konflikt in einem Problem konkretisiert. Es wird als eine Herausforderung verstanden, Konflikte im Sinne der Überwindung der bestehenden Verhältnisse ohne deren Reproduktion zu „transformieren“ also ohne, dass Unterdrückte zu Unterdrückern werden. Es geht darum, von unten neue und weniger ungerechte Strukturen aufzubauen.

Galtungs praktisch ausgerichtetes „Transcend-Verfahren" beinhaltet eine fundierte Konfliktanalyse, die auch im TdU erfolgt. Die „Transcend-Mitarbeiter" bearbeiten gemeinsam mit beiden Konfliktparteien den Konflikt. Im Transcend-Verfahren wird in asymmetrischen Konflikten zunächst die schwächere Konfliktpartei „empowert". Dies entspricht der Konfliktbearbeitung von asymmetrischen Konflikten im TdU. Im TdU werden asymmetrische Konflikte mit der unterdrückten Konfliktpartei bearbeitet.

Galtung geht es wie Boal um eine nachhaltige Konflikttransformation, bei der die Ursachen in den Blick genommen werden. Außerdem müssen nach Galtungs Verständnis auch die legitimen Ziele beider Konfliktparteien – diejenigen Ziele, die die Erfüllung der menschlichen Grundbedürfnisse anstreben – berücksichtigt werden. Legitime Ziele sind für Boal Ziele, die mit der Einhaltung der Menschenrechte einhergehen. Im TdU wird versucht, diese legitimen Ziele der unterdrückten Konfliktpartei mit legitimen Mittel zu erreichen.

Wie in diesem direktem Abgleich dargestellt wurde, entspricht das Theater der Unterdrückten in vielen Punkten den Grundannahmen der Friedensforscher Lederachs und Galtungs. Mit seinen Methoden setzt das CTO zum Teil das um, was von Lederach und Galtung gefordert bzw. als notwendige Bedingung für eine gelungene Konflikttransformation gesehen wird. Inwieweit es trotz seiner Parteinahme einen Beziehungsaufbau über die Konfliktparteien hinweg leisten kann, kann an dieser Stelle nicht abschließend beantwortet werden.

5.4. Chancen und Grenzen des TdU als Methode der zivilen Konfliktbearbeitung

In einem letzten Unterkapitel soll zusammenfassend herausgearbeitet werden, was das Theater der Unterdrückten in der Konfliktbearbeitung leisten kann. Die Chancen, vor allem aber die Grenzen und Herausforderungen, die sich in der Anwendung dieser Methoden als Methode der zivilen Konfliktbearbeitung ergeben können, sollen an dieser Stelle diskutiert werden.

Zu diesem Zweck wird sich auf TdU-Praktiker, die die Methoden bereits in Kriegs- und Nachkriegskontexten eingesetzt haben, bezogen. Damit wird auf mögliche Anwendungsbereiche verwiesen, die aber noch nicht hinreichend erforscht wurden.

5.4.1. Chance des TdU als Methode der zivilen Konfliktbearbeitung

Wie durch die Methoden des Theaters der Unterdrückten Konflikte auf verschiedenen Ebenen bearbeitet und transformiert werden können und welche Wirkungskraft die Methoden haben, wurde bereits im Hauptteil ausführlich dargestellt.
Insbesondere das Forumtheater schafft als Medium der zivilen Konfliktbearbeitung eine diskursive Öffentlichkeit, es bietet einen Raum, um tabuisierte Themen in die Öffentlichkeit zu bringen. Der durch das Theater entstehende ästhetische Raum dient der Bewusstwerdung, des Ausdrucks von Gefühlen und Erlebnissen, der Bearbeitung der Vergangenheit, der Erarbeitung von Handlungsalternativen, als Proberaum für die Zukunft, als Raum der kollektiven Visionsbildung, dem Beziehungsaufbau, der Wissensgenerierung und Reflexion.
Das Theater der Unterdrückten ist für breite Bevölkerungsmassen durch Multiplikation und Workshopangebote zugänglich. Es könnte als ein „entmystifiziertes Theater" bezeichnet werden, es bedarf keiner Vorbildung, keinerlei körperlichen oder geistigen Voraussetzung, um an ihm teilzunehmen (das TdU wurde schon mit Taubstummen, Analphabeten, Gefangenen usw. durchgeführt). Außerdem werden Konflikte aus den Leben der Teilnehmenden bearbeitet und die Aufführungen finden meist im öffentlichen Raum statt und sind so ebenfalls leicht zugänglich.

5.4.2. Grenzen des TdU als Methode der zivilen Konfliktbearbeitung

Um Konflikte im Theater bearbeiten zu können, müssen komplexe Zusammenhänge in einer konkreten Situation ausgedrückt werden. Strukturelle Unterdrückung muss auf eine individuelle Ebene gebracht werden. Dies kann zur Komplexitätsreduktion führen, die für die Darstellung im und die Bearbeitung durch das Theater notwendig ist. Es bleibt strittig bzw. ungeklärt, ob und inwieweit diese Simplifizierung des Konfliktes negative Auswirkungen auf die nachhaltige Konfliktbearbeitung in der komplexen Realität haben kann.
Bezüglich der Nachhaltigkeit der Methode lassen sich zwei weitere Aspekte diskutieren. Zum einen kann nicht belegt werden, ob die auf der Bühne gezeigten und erprobten Handlungsalternativen und Transformationsstrategien in der Realität umgesetzt werden (können). Zum anderen kann, wie auch die Curingas am CTO bedauern, die nachhaltige Bearbeitung von Konflikten im Sinne einer dauerhaften Bear-

beitung von Konflikten auf verschiedenen Ebenen nicht immer gewährleistet werden. Dies scheitert meist am Mangel finanzieller Sicherheit. Um die Transformation von Konflikten durch Legislativtheater, kontinuierliche Kampagnen und Aktionen in Zusammenarbeit mit anderen Organisationen zu erreichen, bedarf es unabhängiger finanzieller Zuwendungen. Dies zeigt, dass das CTO selbst dem Anspruch einer ganzheitlichen Konfliktbearbeitung in der Realität aus unterschiedlichen Gründen nicht immer gerecht werden kann.

Ausgangspunkt für das TdU sind individuelle Erfahrungen, die auf Grundlage der Annahme, dass ihre Ursprünge in der Gesellschaft liegen, sozialer Natur sind. Diese werden im Gruppenprozess kollektiviert, von der individuellen Erfahrung abstrahiert. Besonders in Nachkriegsgesellschaften ist es wichtig, dass konfliktsensibel mit den vorgebrachten Geschichten umgegangen wird. Es muss darüber reflektiert werden, ob durch die Auswahl und den Umgang mit den Erzählungen über die individuelle Konflikterfahrung gewaltfördernde Diskurse in der Nachkriegsgesellschaft bestärkt werden. Reich weist darauf hin, dass stereotypisierte, widerspruchsfreie Geschichten behutsam bearbeitet werden sollen (vgl. Reich 2010b). Das TdU kann zur Stärkung von Narrativen beitragen, die nur von einer Konfliktpartei geprägt werden, sehr subjektiv gefärbt sind und nicht der Realität entsprechen müssen.

Als weitere Grenze des Theaters der Unterdrückten ist die „Parteilichkeit“ im TdU zu nennen. Bereits in vorausgegangenen Kapiteln ist auf den politischen und geschichtlichen Bezug der Parteilichkeit und den Entstehungskontext des TdU eingegangen worden. Die Parteilichkeit manifestiert sich bis heute auf der Grundannahme, dass Veränderungen nicht (nie) von der stärkeren, machtvolleren Konfliktpartei, den „Unterdrückern“, angestoßen und herbeigeführt werden. Die Transformation muss im Verständnis des TdU von den „Unterdrückten“ ausgehen. Das TdU ergreift zur Stärkung dieser für sie Partei, ist Mittel zur Veränderung.

Unparteilichkeit, die Bearbeitung von Konflikten mit allen Konfliktparteien, ist grundlegend für die vorgestellten konflikttransformativen Modelle Lederachs und Galtungs, für die Methoden der zivilen Konfliktbearbeitung. Vor dem Hintergrund des Entstehungskontextes und der inneren Logik des TdU ist diese Parteilichkeit nachvollziehbar. Um Eingang in die Methoden der zivilen Konfliktbearbeitung zu erhalten, muss dieser Ansatz jedoch überdacht und gegebenenfalls modifiziert werden.

In diesem Zusammenhang ist auch die mediierende Funktion des Konflikt-Facilitators, dem Curinga, im TdU zu diskutieren. Inwieweit der Curinga, der den gesamten

Prozess der Konfliktbearbeitung mit den Unterdrückten anleitet und begleitet, eine wirklich neutrale und unparteiliche Rolle in den dialogischen Momenten im Forum- und Legislativtheater einhalten kann, ist fragwürdig. Eine unvoreingenommene Haltung und Offenheit sind anspruchsvolle Anforderungen, die den Curinga in der Praxis seine eigenen Grenzen erfahrbar machen können.

5.4.3. Das TdU als konflikttransformative Methode in Konfliktregionen und Nachkriegskontexten

Es soll kurz beispielhaft auf drei TdU-Praktiker eingegangen werden, die die Methoden des Theaters der Unterdrückten in Nachkriegsgesellschaften und Konfliktregionen angewendet haben. Kurz skizziert werden die Anwendungsbereiche und Einschätzung von Santos (1), die als internationale Curinga des CTO u.a. in Palästina, Guinea und im Sudan tätig war, Joffre-Eichhorn (2), der in Afghanistan arbeitete und Reichs (3), die eine Aktionsforschung im Libanon durchführte.
(1) Für Santos ist das dialogische Potenzial des TdU das stärkste Argument für die Anwendung in Konfliktregionen. „Die (Wieder)Herstellung von dialogischen Räumen in Konflikt-regionen ist fundamental für die Transformation der Wirklichkeit. Weil der Dialog das Gegengift zum Konflikt ist, war das Theater der Unterdrückten dort, wo es praktiziert wurde, ein wichtiges Instrument des Friedens. Hier beziehen wir uns auf einen Frieden, der durch direkte Aktionen und die Überwindung der Passivität täglich erobert und trainiert werden muss“[57] (Santos 2008: 117).
Durch das TdU können, wie bereits dargestellt, die zur nachhaltigen Konfliktbeendigungen notwendig zu bearbeitenden Konfliktursachen, Gründe, Interessen und Strategien der Konfliktparteien identifiziert und analysiert werden. Auch Santos bezieht sich hinsichtlich der Anwendung des TdU in Konfliktregionen auf das Konfliktbearbeitungs- und Versöhnungspotenzial des ästhetischen Raumes im Forumtheater (vgl. Santos 2008: 117 ff).
(2) Joffre- Eichhorn setzte das Theater der Unterdrückten sowie das Playback Theater als Mittel der Vergangenheitsbearbeitung in Afghanistan ein. Er arbeite u.a. mit

---

[57] „Estabelecer Espaços de diálogo em zonas de conflito é fundamental para a transformacao da realidade. Como o diálogo é antídoto do conflito, o Teatro do Oprimido tem sido um importante instrumento de paz por onde o método tem sido practicado. Aqui nos referimos a paz que precisa ser conquistada e exercitada cotidananmente, por meio de açoes diretas e da superação da passividade“ (Santos in Antídoto 2008: 117).

Opferverbänden und erlebte mit Teilnehmern der Workshops das emanzipatorische und transformative Potenzial des Theaters in diesem Kontext. Das Theater wurde wahrgenommen als „eine unheimlich effektive Waffe (...), die in der Lage ist, die schmerzhaften Tränen der Trauer und Wut in Energie, für eine bessere Zukunft zu kämpfen, zu verwandeln“ (Joffre-Eichhorn 2011:132).

(3) Reich benutzt vielfach den Begriff „interaktive TheaterRäume“ und bezieht sich damit auf die interaktive Methode des Forumtheaters, welches sie modifiziert im Libanon mit Jugendlichen praktiziert hat. Vor allem im ästhetischen Raum sieht sie einen Ort der Vergangenheitsbewältigung. Nach kriegerischen Konflikten eröffne dieser ästhetische Raum nach Reich einen Ort der Reflexion, der Begegnung und der Versöhnung. „Interaktive TheaterRäume bieten genau das: Außerhalb des Alltags, und dich mitten drin, laden sie erstens durch die Trennung zwischen Zuschauern und Akteuren zum Beobachten und Bewusstwerden ein. Zweitens konstituieren sie einen Erlebnis-Ort, der einen kulturellen Ausdruck, starke Emotionen, Sinngebung und tiefe Erfahrungen erlaubt. Drittens aber, [...] strecken sie sich durch die Darstellung aus in die Öffentlichkeit“ (Reich 2010: 40).

Reichs Einschätzung gegenüber dem, was „interaktives Theater“ in der Konfliktbearbeitung leisten kann, gestaltet sich wie folgt:

> „Und es [das interaktive Theater] kann durch die Arbeit im Workshopformat und durch die Theateraufführung einen Gruppenprozess der Beziehungsbildung zwischen sich gegenüberstehenden und bekämpfenden Parteien darstellen, welches ein transformierendes Erlebnis darstellen kann. Dies ist ein Potential, was noch viel zu wenig genutzt wird“ (Reich 2010: 5).

VI. SCHLUSSBETRACHTUNG

> „Es gibt vieles, was Theater in der Konfliktbearbeitung nicht leisten kann: Es kann weder eine gute Mediation noch diplomatische Bemühungen ersetzen. Es unterzeichnet keine rechtsgültigen Friedensverträge, stoppt keine Gefechte oder organisiert gerechte Verteilung der materiellen Ressourcen“ (Bala/Baumann/Reich 2006: 1).

Auch wenn das Theater der Unterdrückten bestimmte Instrumente der ZKB nicht ersetzen kann (vgl. Bala/Baumann/Reich 2006), so komme ich auf Grundlage der Ergebnisse meiner Arbeit dennoch zu dem Schluss, dass das Potential des Theaters der Unterdrückten in der zivilen Konfliktbearbeitung noch viel zu wenig Beachtung erfährt und seine Methoden bisher zu wenig in die Praxis integriert wurden.
Diese Studie hat gezeigt, dass die Methoden und Techniken des Theaters der Unterdrückten auf verschiedenen Ebenen konflikttransformativ wirken können. Die Anwendung der Methoden in Konfliktkontexten zeigt, dass besonders der dialogische und beziehungsfördernde Ansatz zur Vergangenheitsbearbeitung beiträgt. Das Versöhnungspotential und das kollektive Erarbeiten einer gemeinsamen Vision für die Zukunft sind Wegbereiter des Friedens.

Zu den Grenzen des TdU in der zivilen Konfliktbearbeitung gehört zweifelslos der Aspekt der Parteilichkeit. Um als Methode der zivilen Konfliktbearbeitung entsprechend ihrer gängigen Grundannahmen Anerkennung zu erlangen, müsste diese modifiziert und überwunden werden. Es bedarf meiner Einschätzung nach interdisziplinärer Offenheit in Wissenschaft und Forschung, Austausch von erfahrenen Konfliktforschern und Praktikern des TdU sowie praxisbezogene Forschung hinsichtlich der Anwendung des TdU in Bereichen der zivilen Konfliktbearbeitung. Das konflikttransformative Potenzial sollte anwendungsbezogen erforscht und überprüft werden und gegebenenfalls Modifikationen vorgenommen werden. Denn die Methoden und Techniken des TdU können als Bereicherung und kreative Befruchtung von Trainings in Peacebuilding-Prozessen Anwendung finden. Sie könnten beispielsweise in Peace-Education-Programmen oder Anti- Gewalttrainings integriert werden und z.B. Modelle und Verfahren zur Konflikttransformation, wie die von Lederach und Galtung, ergänzen.

Diese Studie dient als Anstoß dazu, dass verschiedene Disziplinen von der „Friedens- und Konfliktforschung“ bis hin zur „Kunst“ in einen Dialog treten, um ihre Potentiale zu erkennen und Synergieffekte zu generieren, so dass die konflikttransformative Kraft des Theaters der Unterdrückten erkannt wird und als Methode der zivilen Konfliktbearbeitung Eingang in friedensbildende Prozesse findet.

Nachwort und Danksagung

Ich möchte mich an dieser Stelle bei allen Menschen bedanken, ohne deren Unterstützung diese Studie in dieser Weise nicht hätte entstehen können.
Zum einen möchte ich den Mitarbeitern der Heinrich-Böll-Stiftung danken, dass sie mein Forschungsvorhaben als förderungswürdig anerkannt haben und meinen Forschungsaufenthalt in Brasilien unterstützt haben.
In Brasilien haben mir die Mitarbeiter des Zentrums des Theaters der Unterdrückten in Rio de Janeiro die Teilnahme an Proben, Workshops und die Begleitung der Gruppen ermöglicht. Durch die Bereitstellung von Material sowie zahlreichen klärenden Gesprächen und Interviews konnte ich unter ihrer Mithilfe meiner Forschungsfrage nachgehen. Mein Dank gilt den Mitarbeitern des CTO sowie den Gruppenmitgliedern, deren Arbeits- und Gruppenprozesse ich miterleben durfte, welche mir einen Einblick in ihr Leben und in die Transformationsleistung des TdU ermöglicht haben.
Ich möchte mich bei allen Menschen für ihr Vertrauen bedanken.
Außerdem gilt mein besonderer Dank meiner Familie und meinen Freunden, die mich im Forschungsprozess begleitet, mir bei der Fertigstellung der Studie bis hin zur Veröffentlichung in Form dieses Buches zur Seite gestanden haben.
Namentlich möchte ich Harald Hahn als Herausgeber dieser Buchreihe und Dominik Werner für seine inspirierende Unterstützung, dem kollegialen Austausch und dem Vorwort, danken.

Anhang

Abkürzungsverzeichnis

AGDF	Aktionsgemeinschaft Dienst als Frieden
CTO	Zentrum des Theaters der Unterdrückten
NRO	Nichtregierungsorganisation
TdU	Theater der Unterdrückten
ZKB	Zivile Konfliktbearbeitung

Literatur- und Quellenverzeichnis

Literaturverzeichnis

Abellan, Joan: Cuenta Boal, Institut del Teatro de Diputació de Barcelona (Hrsg.), 2001

Bala, Scruti/Reich, Hannah: Kunst und Konflikt: eine kritische Betrachtung. In: Weltfriedensdienst: peaceprints 01/2003

Bala, Scruti/Baumann, Till/ Reich, Hannah: Theater im emotionalen Mienenfeld. Darstellende Kunst in der Konfliktbearbeitung. In: Weltfriedensdienst: peace prints 06/2006

Baumann, Till: Von der Politisierung des Theaters zur Theatralisierung der Politik, Theater der Unterdrückten im Rio de Janeiro der 90iger Jahre. In: Berliner Schriften zum Theater der Unterdrückten, Harald Hahn (Hrsg.), ibidem Verlag, Stuttgart, zweite überarbeitete Auflage 2006

Berndt, Hagen: Wurzeln und Geschichte der zivilen, gewaltfreien Konfliktbearbeitung. In: AGDF (Hrsg.): Zivil statt militärisch, Erfahrungen mit ziviler, gewaltfreier Konfliktbearbeitung im Ausland, 2006

Boal, Augusto: Theater der Unterdrückten, Übungen und Spiele für Schauspieler und Nicht- Schauspieler, edition suhrkamp, Frankfurt am Main, Erstausausgabe 1989

Boal, Augusto: Legislative Theatre: Using performance to make politics, Routledge, Taylor and Francis Group, London, New York, 1998

Boal, Augusto: O Teatro como Arte marcial, Geramond, Rio de Janeiro, 2003

Boal, Augusto: Jogos para atores e não- atores, edicao revista e ampliada, Civilizacao brasileira, Rio de Janeiro, 2004

Boal, Augusto: Teatro do Oprimido e outras poéticas políticas, Civilizacao brasileira, Rio de Janeiro, 2005

Boal, Augusto: Der Regenbogen der Wünsche, Methoden aus Theater und Therapie, Lingener Beiträge der Theaterpädagogik Band III, Schibri- Verlag, Berlin, Milow, Strasburg, 2006

Boal, Augusto: A Estética do Oprimido, Fundacao Nacional de Artes-funarte (Hrsg.),Geramond, Rio de Janeiro, 2009

Boal, Julian: Oppresão. In. Metaxis:Teatro do Oprimido de Ponto a Ponto, Número 6, Rio de Janeiro, 2010

Bodgan, Robert C./Biklen, Sari-K.: Qualitative research for education. An introduction of theory and methods, Allyn & Bacon, Boston, 1982

Bonacker/Imbusch: Zentrale Begriffe der Friedens- und Konfliktforschung. In Imbusch/ Zoll (Hrsg.): Friedens- und Konfliktforschung. Eine Einführung, Lehrbuch, VS Verlag für Sozialwissenschaften, Wiesbaden, 4.überarbeitete Auflage 2006

Bonacker, Thorsten: Konflikttheorien. Eine sozialwissenschaftliche Einführung, Opladen, 1996

Britto, Geo: Homenagem do CTO a Augusto Boal.In: Metaxis:Teatro do Oprimido de Ponto a Ponto, Numero 6, Rio de Janeiro, 2010

Dirnstorfer, Anne: Forumtheater in den Straßen Nepals, Emanzipation jenseits des Entwicklungsdiskurses? In: Berliner Schriften zum Theater der Unterdrückten, Harald Hahn (Hrsg.), ibidem Verlag, Stuttgart, 2006

Equipe do CTO: O Centro do Teatro do Oprimido de Augusto Boal. In: Boal, Augusto: A Estética do Oprimido, Fundacao Nacional de Artes-funarte (Hrsg.), Geramond, Rio de Janeiro, 2009

Flick, Uwe/Kardorff, Ernst/Steinke, Ines: Qualitative Forschung. Ein Handbuch, Rowohlt Taschenbuch Verlag Gmbh, Reinbek bei Hamburg, 7. Auflage, 2009

Galtung, Johan: Frieden mit friedlichen Mitteln. Frieden und Konflikt, Entwicklung und Kultur, agenda Verlag, Münster, 2007

Galtung, Johan: Strukturelle Gewalt. Beiträge zur Friedens- und Konfliktforschung, Freimut Duve (Hrsg.), rororo aktuell, Rowohlt Taschenbuch Verlag Gmbh, Reinbeck bei Hamburg, Erstausgabe 1975

Gläser, Jochen/Laudel, Grit: Experteninterviews und qualitative Inhaltsanalyse als Instrumente rekonstruierter Untersuchungen, VS Verlag für Sozialwissenschaften, Wiesbaden, 4. Auflage 2010

Graf, Wilfried: Soziometrie, Friedensforschung und kreative Konflikttransformation, Einladung zu einer Begegnung zwischen J.L. Moreno und Johan Galtung. In Zeitschrift für Psychodrama und Soziometrie, Fangauf, Ulrike/ Stimmer, Franz (Hrsg.), 02/2006

Graf, Wilfried: Konflikttransformation und die Arbeit am politischen Unbewussten. Das Transcend- Verfahren nach Johan Galtung, IICP, Wien, (o.J.)

Haug, Thomas: Das spielt (k)eine Rolle! Theater der Befreiung nach Augusto Boal als Empowerment Werkzeug im Kontext von Selbsthilfe, ibidem- Verlag, Stuttgart, 2005

Jäger, Uli: Soft Power. Wege der zivilen Konfliktbearbeitung. Ein Lern-und Arbeitsbuch für die Bildungsarbeit im Unterricht, Brot für die Welt/ Verein für Friedenspädagogik (Hrsg.), Stuttgart, 2. Auflage 1997

Joffre-Eichhorn, Hjalmar Jorge: Tears into Energy. Das Theater der Unterdrückten in Afghanistan. In: In: Berliner Schriften zum Theater der Unterdrückten, Harald Hahn (Hrsg.), ibidem Verlag, Stuttgart, 2011

Köhler, Hannelore: Zivile Konfliktbearbeitung als Friedensstrategie: Chancen und Grenzen, Fritz Küster-Archiv (Hrsg.), Bibliotheks- und Informationssystem der Universität Oldenburg, 2005

Körppen, Daniela: Peace and Conflict Impact Assessment – über die Utopie einer einheitlichen Methode. In: INEF Report 85/2007

Lederach, John Paul: Preparing for Peace. Conflict Transformation across cultures, Syracuse University Press, New York, 1995

Lederach, John Paul: Peace Building, Sustainable Reconciliation in divided societies, United States Institute of Peace Press, Washington D.C., 1997

Lederach, John Paul: The Moral Imagination. Art and Soul of Peacebuilding, Oxford University Press, New York, 2005

Miall, Hugh: Conflict Transformation: A Multi-Dimensional Task, Berghof Research Center for Constructive Conflict Management (Hrsg.), 2004

Neuroth, Simone: Augusto Boals „Theater der Unterdrückten“ in der pädagogischen Praxis, deutscher Studienverlag, Weinheim, 1994

Quack, Martin: Wirkungsanalysen in der zivilen Konfliktbearbeitung. In: INEF Report 85/2007

Reich, Hannah: „Local Ownership“ in Conflict Transformation Projects. Partnership, Participation or Patronage? In: Berghof Occasional Paper No 27, Berghof Research Center for Constructive Conflict Management (Hrsg.), 2006

Reich, Hannah: Die friedensbildende Kraft interaktiver TheaterRäume: Wissensgenerierung, Transformation und politische Öffentlichkeit. In: Wissenschaft und Frieden 4/2010

Reich, Hannah: >> George-mit Spitznamen Hussain!<< Interaktives Theater als Raum einer partizipativen Bewusstwerdung von Konfliktstrukturen. In: Newsletter Wegweiser Bürgergesellschaft 12/2010 (2010b)

Ropers, Norbert/Diebel, Thomas: Friedliche Konfliktbearbeitung in der Staaten und Gesellschaftswelt, Bonn, 1995

Santos, Barbara : Seminario international de açoes culturais em zonas de conflitos. In: Antídoto, Itaú Cultural, São Paulo, 2008

Santos, Barbara : Dramaturgia do Teatro Forum. In Metaxis: Teatro do Oprimido na Saúde Mental, Numero 7, Rio de Janeiro, 2010

Staffler, Armin: Augusto Boal, Einführung, Oldib, Essen, 2009

Silverman, David: Interpreting Qualitative Data, Methods for Analyzing Talk, Text and Interaction, SAGE Publications London, Thousand Oaks, New Dehli, third edition 2006

Schweitzer, Christine: Zivile Konfliktintervention. In: Fuchs, Albert/ Sommer, Gert: Handbuch der Konflikt- und Friedenspsychologie, Weinheim, 2004

Weintz, Jürgen: Vorwort. In: Augusto Boal: Der Regenbogen der Wünsche, Methoden aus Theater und Therapie, Lingener Beiträge der Theaterpädagogik Band III, Schibri-Verlag, Berlin, Milow, Strasburg, 2006

Weller, Christoph: Zivile Konfliktbearbeitung. Aktuelle Forschungsergebnisse. In: INEF Report 85/2007

Elektronische Quellen

ITO: Internal Organisation of the Theatre of the Theatre of the Oppressed: Grunsatzerklärung: Theater der Unterdrückten: http://www.theatreoftheoppressed.org/en/index.php?useFlash=0, Stand: 26.08.2011

Sabisa - performing Change e.V.: http://www.sabisa.de/sabisa/index.php?profil, Stand: 22.09.2011).

AGDF: Aktionsgemeinschaft Dienst als Frieden: Zivile, gewaltfreie Konfliktbearbeitung: http://www.friedensdienst.de/Zivile-gewaltfreie-Ko.35.0.html: Stand 16.08.2011

Berghof Conflict Research: Profil und Ziele: www.berghof-conflictresearch.org/de/about/profil-und-ziele, Stand: 25.08.2011

TRANSCEND-Network: A Peace and Development Network: Transcend als Methode: http://www.transcend-netz.org/transcend.htm, Stand: 21.08.2011

Sonstige Quellen

CTO: Centro de Teatro do Oprimido (Hrsg.): Teatro do Oprimido na Saúde Mental. In.: Metaxis Numero 7/2010

CTO: Centro de Teatro do Oprimido (Hrsg.): Teatro do Oprimido de Ponto a Ponto: A Estética do Oprimido, o.J.

CTO: Centro de Teatro do Oprimido (Hrsg.): Teatro Legislativo, o.J. (CTO o.J.b)

Interviewpartner

Experteninterviews mit den Curingas des CTO:

Bendelak, Olivar: CTO, Rio de Janeiro, 10.05.2011

Britto, Geo: CTO, Rio de Janeiro, 13.05.2011

Conceição, Alessandro: CTO, Rio de Janeiro, 19.05.2011

Felix, Claudete: CTO, Rio de Janeiro, 25.05.2011

Rodrigues, Monique: CTO, Rio de Janeiro, 01.06.2011

Sanctum, Flavio: CTO, Rio de Janeiro, 27.05.2011

Sarapeck, Helen: CTO, Rio de Janeiro, 21.05.2011

Simone, Claudia: CTO, Rio de Janeiro, 24.05.2011

Experteninterviews mit den Gruppenanleitern (Curingas) der Gruppe "Marias do Brasil" (als Audiodatei vorliegend):

Bendelak, Olivar: CTO, Rio de Janeiro, 12.05.2011 (2011b)

Felix, Claudete: CTO, Rio de Janeiro, 25.05.2011 (2011b)

BERLINER SCHRIFTEN ZUM THEATER DER UNTERDRÜCKTEN

Herausgegeben von Harald Hahn

ISSN 1863-2106

1 *Anne Dirnstorfer*
Forumtheater in den Straßen Nepals
Emanzipation jenseits des Entwicklungsdiskurses?
ISBN 3-89821-665-9

2 *Thomas Haug*
'Das spielt (k)eine Rolle!'
Theater der Befreiung nach Augusto Boal als Empowerment-Werkzeug im Kontext von Selbsthilfe
ISBN 3-89821-486-9

3 *Till Baumann*
Von der Politisierung des Theaters zur Theatralisierung der Politik
Theater der Unterdrückten im Rio de Janeiro der 90er Jahre
Zweite, überarbeitete Auflage
ISBN 3-89821-486-9

4 *Jens Clausen, Harald Hahn, Markus Runge (Hrsg.)*
Das Kieztheater
Forum und Kommunikation für den Stadtteil
ISBN 978-3-89821-985-3

5 *Hjalmar Jorge Joffre-Eichhorn*
Wenn die Burka plötzlich fliegt
Einblicke in die Arbeit mit dem Theater der Unterdrückten in Afghanistan
Zweite, überarbeitete und erweiterte Auflage
ISBN 978-3-8382-0472-7

6 *Birgit Fritz*
Von Revolution zu Autopoiese: Auf den Spuren Augusto Boals ins 21. Jahrhundert
Das Theater der Unterdrückten im Kontext von Friedensarbeit und einer Ästhetik der Wahrnehmung
ISBN 978-3-8382-0553-3

7 *Linda Ebbers*
Darstellende Kunst und zivile Konfliktbearbeitung
Das Theater der Unterdrückten als kreative Methode der Konflikttransformation
ISBN 978-3-8382-0566-3

***ibidem*-Verlag**
Melchiorstr. 15
D-70439 Stuttgart
info@ibidem-verlag.de

www.ibidem-verlag.de
www.ibidem.eu
www.edition-noema.de
www.autorenbetreuung.de

Zeitfracht Medien GmbH
Ferdinand-Jühlke-Straße 7
99095 Erfurt, Deutschland
produktsicherheit@kolibri360.de